教育部人文社会科学研究青年基金项目（项目批准号：14YJC880117）成果
北京师范大学教育信息化协同创新中心研发

第 1 册

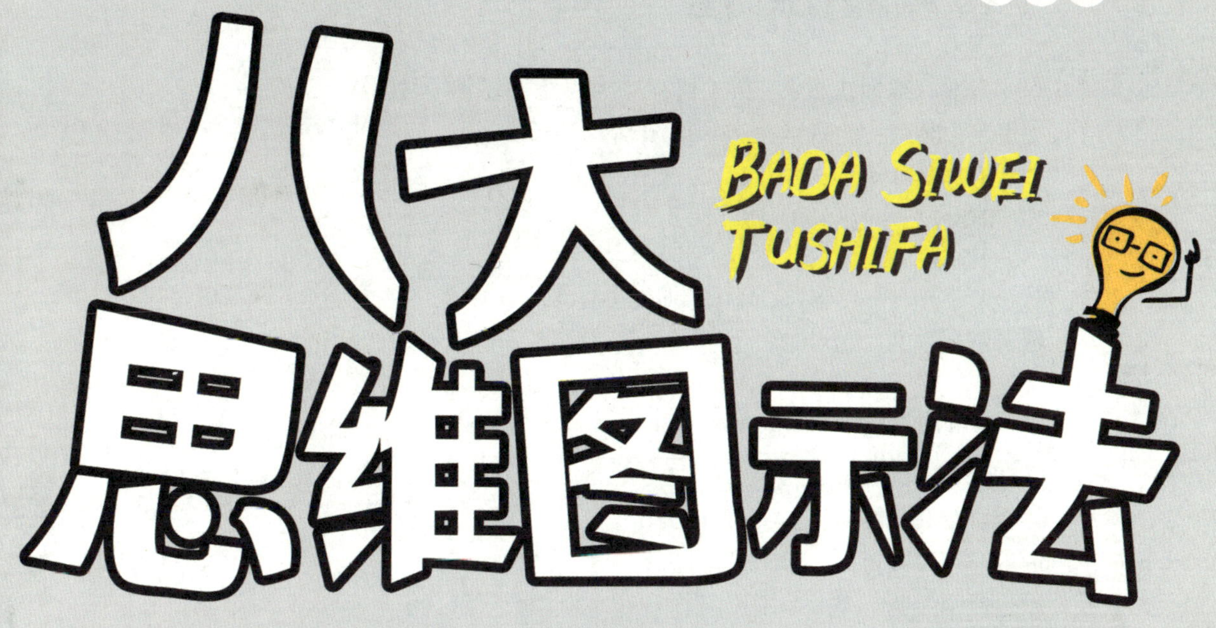

八大思维图示法

主　　编　赵国庆
本册主编　沈英俊
　　　　　王　丹

U0903337

北京师范大学出版集团
BEIJING NORMAL UNIVERSITY PUBLISHING GROUP
北京师范大学出版社

图书在版编目（CIP）数据

小学思维训练丛书．第1册，八大思维图示法／赵国庆主编．—北京：北京师范大学出版社，2015.7
（2024.2重印）
ISBN 978-7-303-18888-8

Ⅰ．①小…　Ⅱ．①赵…　Ⅲ．①思维训练—小学—教学参考资料　Ⅳ．①G624

中国版本图书馆CIP数据核字（2015）第080886号

购 书 服 务 电 话：010-62202386
内容建议反馈电话：010-62202953
微 信 公 众 号：京师伴你学

出版发行：北京师范大学出版社
　　　　　北京市西城区新街口外大街12-3号
　　　　　邮政编码：100088
印　　刷：三河市兴国印务有限公司
经　　销：全国新华书店
开　　本：184 mm × 260 mm
印　　张：5.5
字　　数：61千字
版　　次：2015年7月第1版
印　　次：2024年2月第14次印刷
定　　价：22.00元

策划编辑：张盈盈　　　　　责任编辑：鲁　媛　赵博琳
装帧设计：林思宏　尚世视觉　责任校对：王子轩
美术编辑：林思宏　李诚真　　责任印制：孙海强

版权所有　侵权必究

反盗版、侵权举报电话：010-58800697

北京读者服务部电话：010-58808104

本书如有印装质量问题，请与出版制作部联系调换

出版制作部电话：010-62202540

《小学思维训练》之《八大思维图示法》编写委员会

丛书主编

赵国庆

本册主编

沈英俊

王　丹

编者（按姓氏笔画排序）

丰森林　王晓玲　邢　颖　朱　嘉　行　璐　刘少玲
刘志翔　李春梅　李景艳　张东升　张海霞　张瑞培
陈钱钱　周卓慧　秦少瑜　郭海英　董轶男　蒋　颖
韩琬之　熊雅雯

总 序

思维教学是以促进学生思维能力发展为核心目标的教学形式，20世纪初在美国萌芽，经历五十年代至六十年代的蓄势，七十年代到八十年代开始受英美两国思维教学运动的影响，从“潜学”成为“显学”，得到研究者和实践者越来越多的关注。从国际思维教学的研究成果看，思维教学起源于“授之以竿”的“思维技能”教学，发展于“授之以饵”的“思维倾向”教学，回归于“授之以渔”的“知识理解”教学。三种取向的思维教学并没有明显的界限，它们在一定程度上是相互重叠的。

思维教学可以分为直接思维教学和融入式思维教学。前者独立于学科之外，以通用思维技能为教学和训练内容；后者是在传统学科教学中，根据学科对思维能力的承载特征，将通用思维技能运用其中，实现学习者对学科教学内容的更深入理解以及对通用思维技能的更娴熟运用，从而达到提升学习者思维能力和学习能力的双重目的。

为了提高思维训练的可操作性，可将思维训练划分为隐性思维显性化、显性思维工具化和高效思维自动化三大阶段。隐性思维显性化是指应用可视化认知工具（思维图示法、思维导图、概念图等）将思维过程和思维结果呈现出来，促进思考者观察反思的过程。显性思维工具化是指运用思维工具来引导、矫正思维进程，帮助思考者应用高效思维方法并形成相对稳定思维模式的过程。高效思维自动化是指通过大量的实践练习，在思考者熟练掌握思维工具之后能够在不需要选择思维工具的情况下无意识地运用这些工具，达到自动化效果的过程。（赵姝和赵国庆等，2012）

中国教学改革已经迈向深水区，将学生思维能力发展作为教育教学的核心方向之一，就这一观点，教育研究人员和一线教育工作者正达成越来越多的共识。2011年，为了整合思维教学的研究力量，并推进思维教学理论研究成果向中小学一线的教学实践转化，北京师范大学教育信息技术协同创新中心思维教学研究团队发起了“思维训练提升师生学习力”项目。该项目以提升校长、教师和学生思维能力为核心目标，从而促进校长“领导”的能力、教师“教”的能力以及学生“学”的能力的提升。项目实施四年来，项目实验校规模从1所扩大到30余所，并于2014年3月成立了“思维发展型学校联盟”。项目实施过程中取得了积极的社会反响，教师们教学理念的更新、学生们思维火花的绽放以及学习成绩的显著提升（尽管不是我们的目标）无时无刻不在感动着我们，并激励着我们继续努力向前。在思维发展型学校联盟专家、校长、老师和同学们的共同努力下，思维训练项目不断朝着视野国际化、研究实证化、实施团队化、课程标准化以及支撑信息化的方向迈进。

为了促进“课程标准化”这一目标的达成，也为了让更多中小学能够分享我们的研究经验和成果，我们决定将在联盟学校开设的思维训练课程内容整理出版。本套丛书计划分为六个模块，分别是：八大思维图示法、思维导图、概念图、核心思维工具、创造性思维和批判性思维。其中八大思维图示法、思维导图和概念图属于隐性思维显性化范畴，核心思维工具、创造性思维和批判性思维属于显性思维工具化范畴，对这些内容的应用及向学科的渗透则属于高效思维自动化范畴。

需要说明的是，本套丛书是在前人的研究基础上，结合我们在中小学开展思维教学的实践经验编写而成。其中八大思维图示法根据美国著名思维教育专家David Hyerle

博士于 1988 年提出的 Thinking Maps 编写而成，思维导图则根据英国“大脑先生”Tony Buzan 发明的 Mind Mapping 编写而成，概念图根据美国康奈尔大学 Joseph Novak 博士的 Concept Mapping 的思想编写而成，核心思维工具、创造性思维、批判性思维则更多借鉴了美国思维教育专家 Marzano、“创造性思维之父”Edward de Bono、“批判性思维之父”R. H. Ennis 等人的思想和成果。

本套丛书适用于小学 3~6 年级，在开设直接思维课程时使用。建议的使用顺序是：三年级上学期学习“八大思维图示法”，下学期学习“思维导图”；四年级全年学习核心思维工具；五年级上学期学习“创造性思维”，下学期学习“批判性思维”；六年级上学期学习概念图，下学期开展思维工具综合应用。每周 1~2 课时为宜。同时，学科教师要积极将直接思维课所学的内容应用到学科教学中去，形成融入式思维课。这么做的目的是通过通用思维技能的运用实现常规课堂教学方式的变革，从而促进学生思维能力的提升。

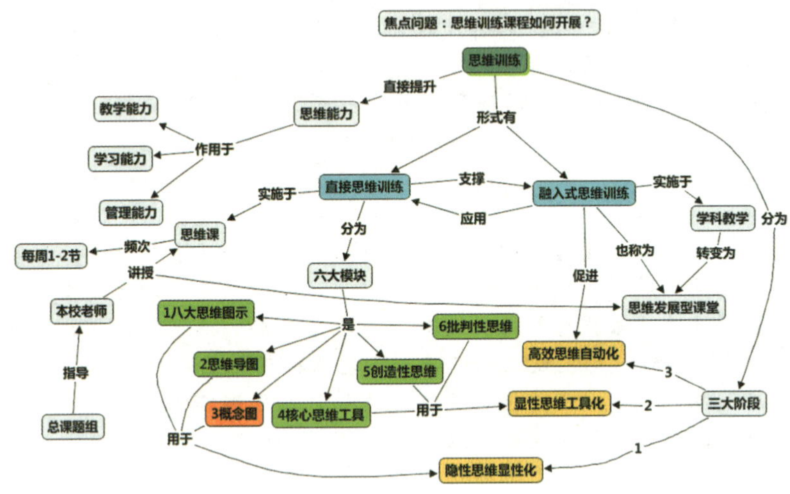

北京师范大学 赵国庆
2015 年 4 月 20 日

前　言

《八大思维图示法》是《小学思维训练》丛书的第一册，根据美国著名思维教育专家 David Hyerle 博士 1988 年提出的 Thinking Maps 编写而成。Thinking Maps 中包含八种具有特定形式和用途的思维可视化工具，这些工具能有效地帮助学生将隐性的思维显性化，同时增加思考的深度与广度，让思考更有条理，在学习和生活中都能发挥巨大的作用。

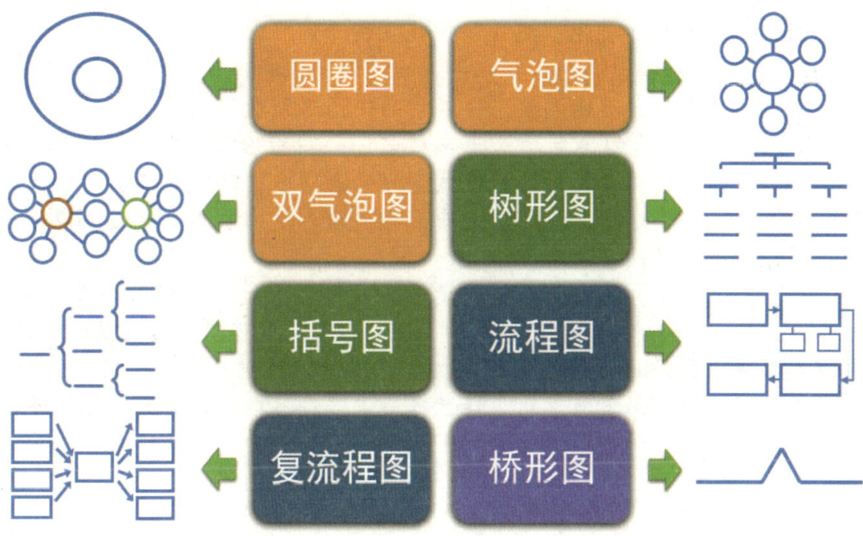

本书通过丰富的应用案例和清晰的知识讲解，为读者讲述了八种思维图示的应用情境和使用方法，可作为教师开展直接思维课教学的参考书籍，也可作为学生上课或自学时使用的读物。另外，本书内容是根据三年级学生的认知水平和生活经验编写的，因此建议三年级或更高年级学生使用，一、二年级的学生也可在教师对教材内容和案例难度进行合理调整后使用。

本书根据八种思维图示的功能和特点，将它们拆分成四个单元进行编排。第一单元“联想、描述与对比”讲解圆圈图、气泡图和双气泡图，这三种图示旨在帮助学生打开思路并着重分析一种到两种事物，寻找一种事物的特征和两种事物间的关系；第二单元“分类与拆分”讲解树形图和括号图，这个单元聚焦于多种事物的静态关系，探寻事物的整体与部分关系和类别关系；第三单元“顺序与因果”讲解流程图与复流程图，从静态关系过渡到动态关系，关注事物的发展顺序和因果关系；第四单元“类比与综合”讲解桥形图并对前面学过的所有图示进行复习，同时也是对学生综合运用图示解决问题的能力的训练。

在每个单元的编排中，均包括讲解课和综合实践课两种模式。

讲解课是对图示相关内容的讲解，共 8 节，这 8 节都按照“情境导入”“思维助手来帮忙”“跟着做”“知识讲解”和“练习”等几个环节进行编排。“情境导入”为整节课创设了生活化的情境，让问题源于生活并回归于生活，均选取贴近学生生活和学习的话题，有助于激发学习兴趣；“思维助手来帮忙”将情境中出现的问题与本节课所学的图示联系起来；“跟着做”为学生提供绘图区域，让学生在教师的带领下完成图示的绘制，体验绘图过程；“知识讲解”从多个方面为学生详细讲解图示的使用方法和应用情境；“练习”环节中，为学生提供更多的问题情境，让学生在练习中巩固图示的学习。讲解课建议 1 个课时完成。

综合实践课是对所学图示的综合运用，共 6 节，分布在每个单元的最后，旨在复习前面所学的图示并进一步丰富图示的应用情境。前 5 个综合实践都是以主题活动的形式开展，在“职业”“超市”“地铁”等学生熟悉的主题中，应用思维图示帮助学生解决实际问题，加深对主题内容的理解；第 6 个综合实践为期末任务，要求学生自选主题、自选图示，自主解决问题，是对学期学习效果的考查。综合实践课建议 1~2 个课时完成。

最后，针对本册教材的使用，编者给出几点提示：

（1）授课教师可根据学生的认知水平、生活实际，对每节课中设计的问题情境、练习案例、探究主题进行合理地调整，使教材的使用达到最佳效果。

（2）书中对每种图示的绘制均给出了相应的评价标准，教师可针对学生的作品进行评价，将评价结果填写在教材绘图区域下方的表格中，以提高学生的学习质量。

（3）书中部分练习案例，需要学生查阅相关资料完成，教师可通过安排课前预习或在课上提供相关资料辅助教学。

（4）对思维教育教学实践感兴趣的读者，欢迎关注我们的微信公众号（维森思维课堂：wsthinking、思维发展型学校联盟：swfzxxx），也可以直接扫描封底的二维码关注，获得更多最新优质内容和学习活动机会。编者在微信公众号上提供了简单的答案供读者参考。思维训练讲求思考的多样性，所以答案旨在抛砖引玉，望批评指正。

编者

2015 年 4 月 25 日

目录

第一单元　联想、描述与对比

第一节　圆圈图

情境导入　我要养宠物

明明特别喜欢小动物，她想在家中养一种宠物，和它一起成长。如何挑选一种最适合明明的宠物呢？你能给她一些建议吗？

思维助手来帮忙　“宠物”？

要想科学合理地饲养一只宠物，我们需要思考很多问题。首先需要对“宠物”有一个初步、全面的了解。

提到宠物你能想到什么呢？

- 有哪些宠物可以饲养？
- 饲养宠物有哪些注意事项？
- 选择宠物要考虑哪些因素？

跟着做 “宠物”的联想

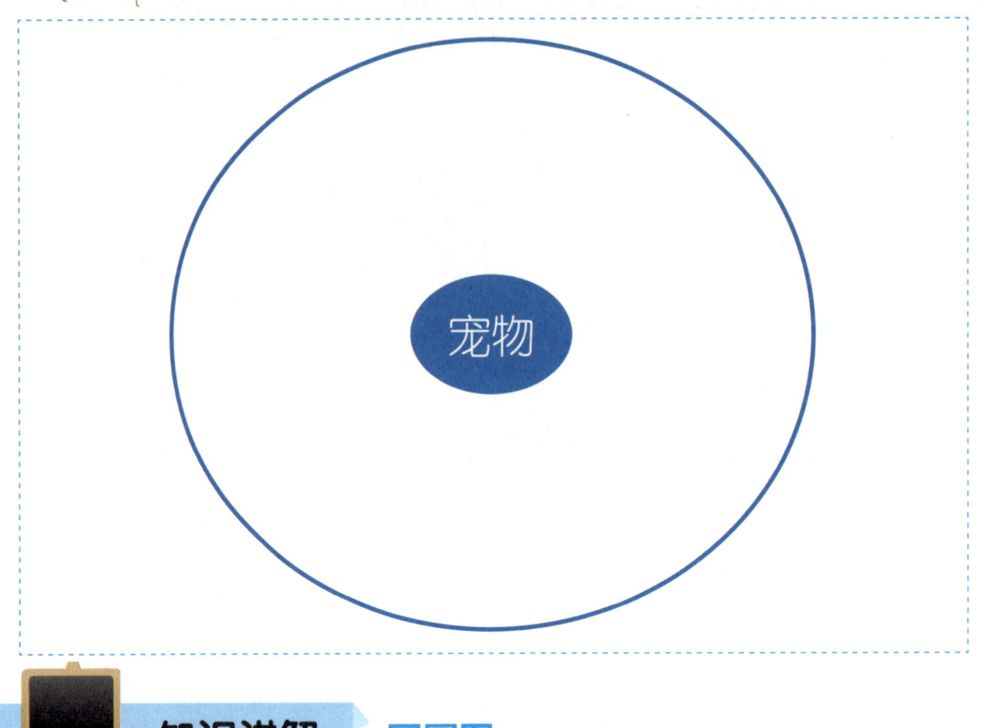

知识讲解 圆圈图

刚刚我们利用了一种思维图示完成了对“宠物”这一概念的联想，通过绘制这个图示，我们对宠物有了比较全面的了解，这样一来，饲养宠物就能变得科学、合理了。这种思维图示叫作圆圈图。

绘制方法

圆圈图由一个小圆和一个大圆组成，思考的中心词写在小圆圈内，关于中心词的联想写在两圆之间。联想出的关键词可以是文字，也可以是简单的图片。

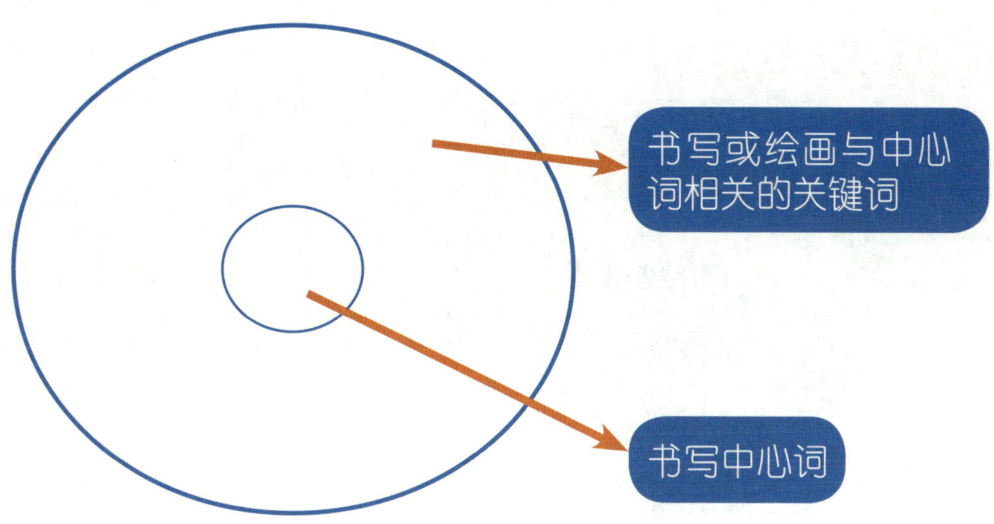

评价标准

<table>
<tr><th colspan="2">维度及分值</th><th>满分标准</th></tr>
<tr><td rowspan="2">内容</td><td>数量（5分）</td><td>关键词数量多
参考值：三年级学生要求 12 个以上</td></tr>
<tr><td>质量（5分）</td><td>关键词涵盖多个不同角度、全面
关键词精炼、简短、概括、与中心词直接相关</td></tr>
<tr><td colspan="2">形式（5分）</td><td>图示绘制正确、美观、适当修饰
关键词均匀分布、不编号、不划线、不成排</td></tr>
</table>

应用范围

圆圈图可以帮助我们做很多事情：产生有创意的想法、拓展思考问题的角度、回忆学过的知识、定义概念等等。它不仅可以帮助我们打开思维、拓宽思路，让我们的思维更加活跃，而且可以让我们对问题的思考更加全面。当你没有想法的时候，或者做一件事情无从下手的时候，就尝试使用一下圆圈图吧！

圆圈图：有哪些事物是绿色的呢?

圆圈图：由“空气”展开的联想

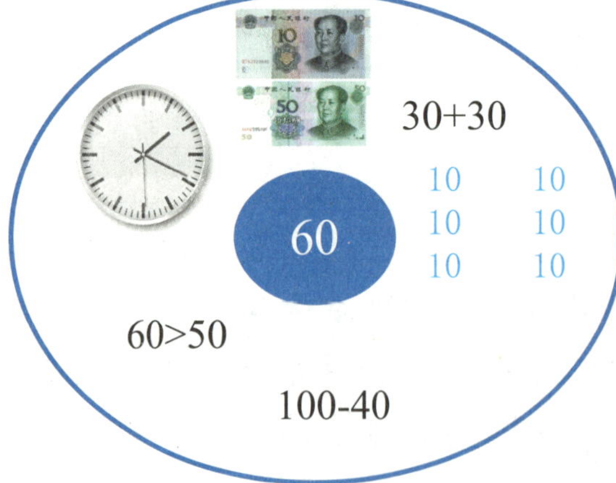

圆圈图：由“60”引发的思考

练习

主题一

20年后的教室

随着科技的发展和人类的进步，我们上课的教室也已经发生了翻天覆地的变化。你能想象出20年后的教室是什么样吗？教室中将出现哪些新东西？运用圆圈图进行大胆的联想吧！

主题二

弧线的联想

观察这样的一个形状——“︵”，你能联想到什么呢？请将你联想的结果用圆圈图表达出来吧！看谁想到的最多，最有创意！（例：括号、曲线、难过……）

主题三

出游的准备

国庆节马上就要到了，你准备和家人一起去北京旅游，妈妈让你做物品管理员，整理出发前需要带的物品，你准备如何帮助妈妈完成这个任务呢？利用圆圈图帮忙吧！

主题四

我的家乡

语文课上，老师要求写一篇题目为《我的家乡》的命题作文。该如何打开写作的思路、让自己的作文富有新意呢？以“我的家乡”为中心词，利用圆圈图帮助你思考吧！

主题五

“12”的联想

12

数字12是日常生活中常见的一个数字。从这个数字中你能联想到什么呢？请利用下面的圆圈图将你联想的结果展示出来。可以参考案例中由“60”引发的思考一图进行联想哦。

圆圈图 主题练习

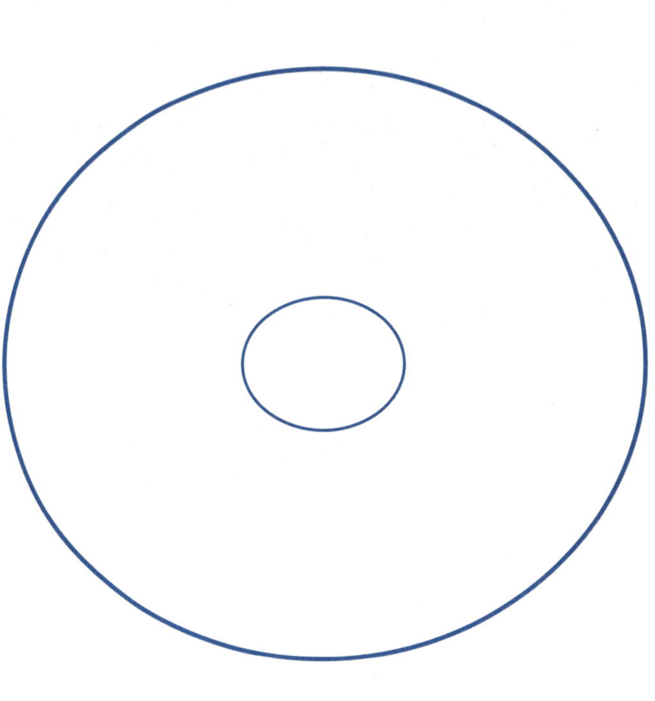

<table>
<tr><td rowspan="3">评分</td><td rowspan="2">内容</td><td>数量</td><td></td><td rowspan="3">评语</td><td rowspan="3"></td></tr>
<tr><td>质量</td><td></td></tr>
<tr><td colspan="2">形式</td><td></td></tr>
</table>

第二节　气泡图

情境导入　我要养宠物

上节课结束后，明明和爸爸妈妈经商议决定从小狗和乌龟中选择一种进行饲养。那么到底选择哪一种宠物呢？明明又不知道该怎么办了。

思维助手来帮忙　乌龟还是小狗？

为了解决这个问题，我们需要充分了解乌龟和小狗这两种动物。让我们利用下面的图示一起来描述一下小狗和乌龟吧。注意，要使用形容词或形容词短语这样的描述性语言哦，例如棕色的、长方形的、擅长武术的……

跟着做　描述“小狗”

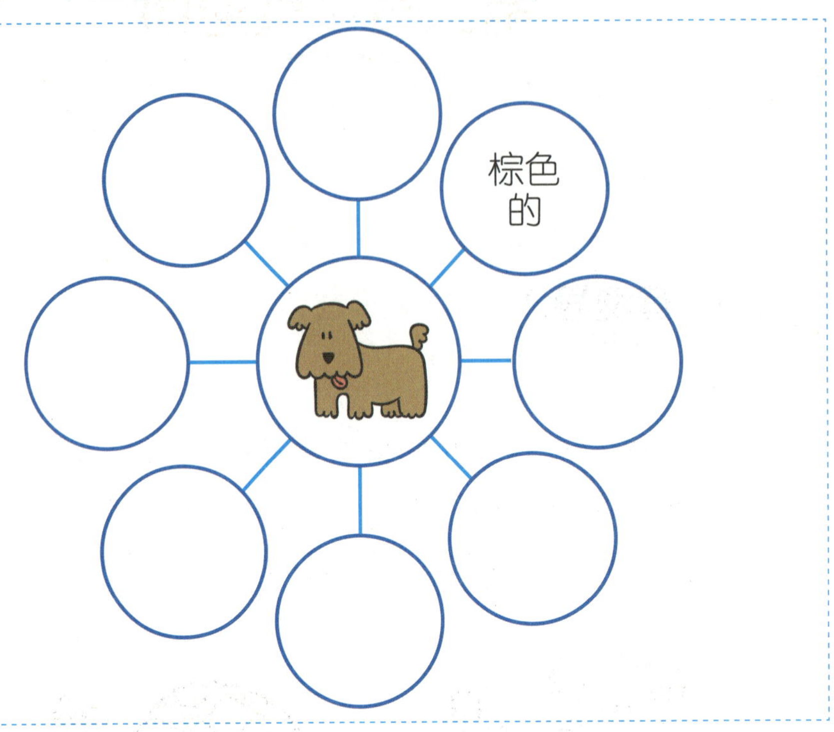

知识讲解　气泡图

刚刚我们利用了一种新的思维图示描述了小狗。通过这个图示的绘制，我们对小狗这一动物的习性、外形等方面的特征都有了充分的了解，这会给宠物的挑选带来很多便利。这种用来描述事物特征的图示叫作气泡图。

绘制方法

与圆圈图类似，气泡图中间的大圆内写中心词，中心词周围的小圆圈内写描述中心词的词汇。这些词汇一般都为形容词或形容词性短语等描述性语言。

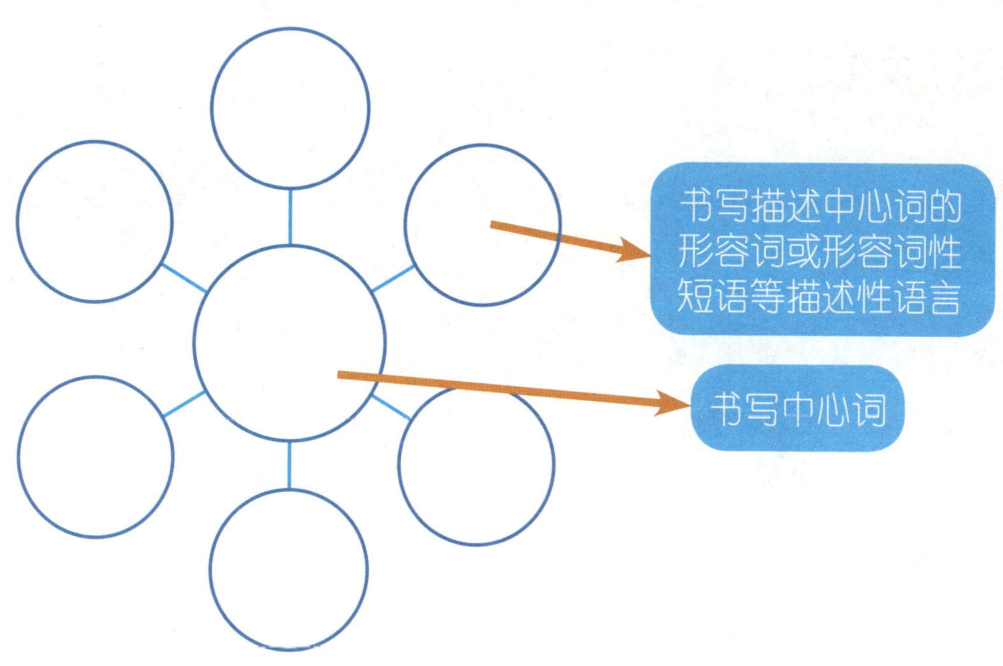

评价标准

维度及分值		满分标准
内容	**数量**（5分）	描述性语言数量多 参考值：三年级学生要求8个以上
	质量（5分）	1. 描述性语言涵盖多个方面的特征 2. 描述性语言精炼、准确，为形容词或形容词性质的短语
形式（5分）		1. 图示绘制正确、美观 2. 文字大小适当、工整

应用范围

气泡图的应用十分广泛，它是帮助我们认识事物的有效工具，通过绘制描述事物的气泡图，我们对事物的了解就会越来越深刻，为解决有关这一事物的实际问题做了准备。

案例

美妙的
球形的
古老的
有生命的
可爱动人的
渺小的
广袤的
蓝色的

气泡图：地球的描述

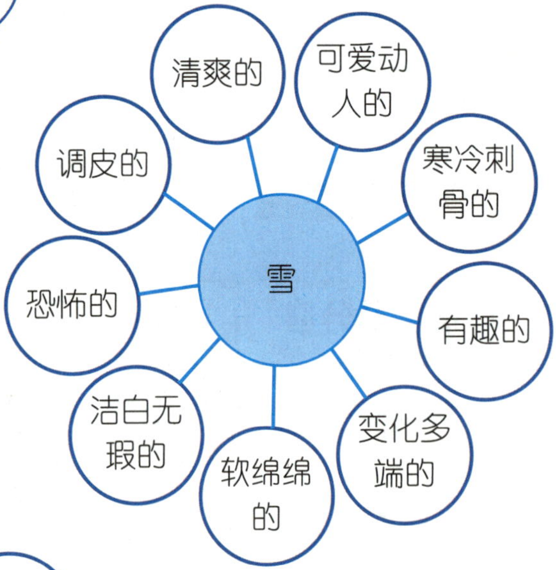

雪
清爽的
可爱动人的
寒冷刺骨的
有趣的
变化多端的
软绵绵的
洁白无瑕的
恐怖的
调皮的

气泡图：雪的描述

喜羊羊
善良的
勇敢的
聪明机智的
善于思考的
乐观向上的
开心快乐的
活泼可爱的

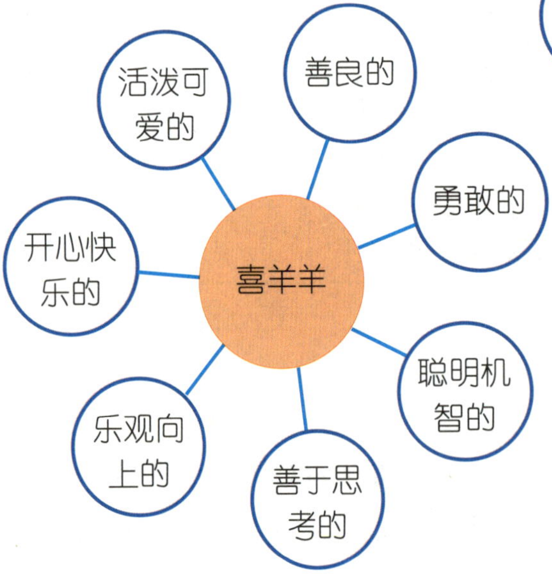

气泡图：喜羊羊的描述

练习

我们已经描述了小狗的特征，那么我们就可以用同样的方法对乌龟进行描述，分析了小狗和乌龟的特征后我们就可以开始选择宠物了。下面就利用气泡图描述乌龟吧！

石头是日常生活中经常见到的一种事物，但你有留意过它的特性吗？到户外挑选一块你最喜欢的石头，观察后，利用气泡图将你发现的石头的特征记录下来吧！

美丽的校园给我们留下了许多美好的记忆，你一定对自己的学校有很多了解。利用气泡图描述一下你的学校，让其他学校的小朋友们了解一下吧！

家庭是每个人生命中重要的一部分，那么你的家庭是什么样的呢？你的家人又有哪些特征呢？以“我的家庭”“我的爸爸”或“我的妈妈”为中心词画一幅气泡图吧！

秋天是一个神奇而美丽的季节，它有着和其他季节不同的特征，不同地方的秋天也有着不同的风貌，那么请你利用气泡图描述一下秋天吧！

气泡图 主题练习

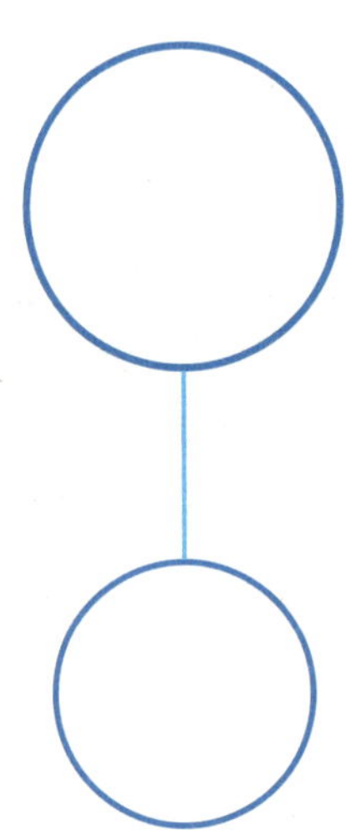

<table>
<tr><td rowspan="3">评分</td><td rowspan="2">内容</td><td>数量</td><td></td><td rowspan="3">评语</td><td rowspan="3"></td></tr>
<tr><td>质量</td><td></td></tr>
<tr><td colspan="2">形式</td><td></td></tr>
</table>

第三节　双气泡图

情境导入　我要养宠物

通过前两次课的努力，明明将宠物锁定在小狗和乌龟之间，也对小狗和乌龟有了深入的了解，那么到底该选哪个呢？

思维助手来帮忙　做出选择

观察明明上节课画出的小狗和乌龟的气泡图，你能发现什么呢？小狗和乌龟有哪些相同点和不同点呢？

再根据你的生活经验，你还知道小狗和乌龟有哪些其他的相同点和不同点呢？

我们利用一个新的思维图示来帮助我们分析这个问题。

跟着做 “宠物”的联想

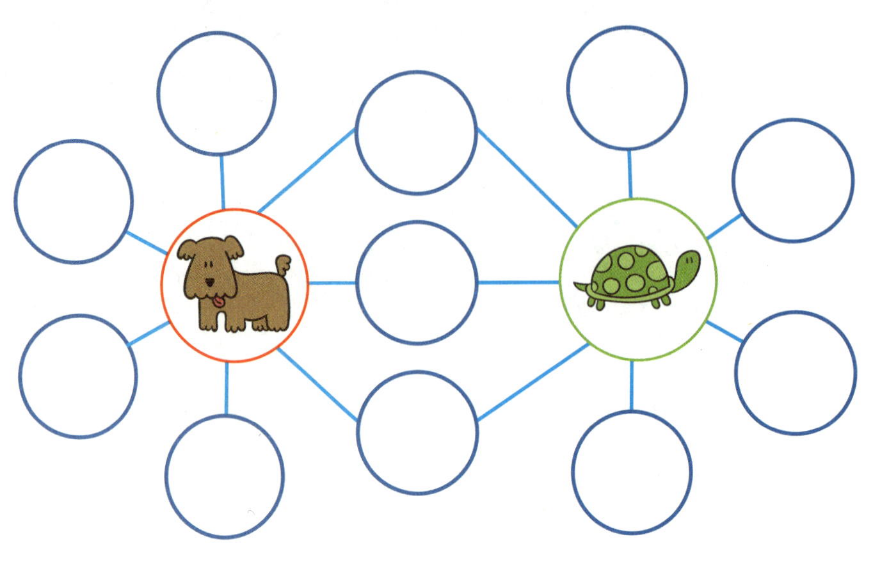

你的结论和新的想法：________________________

知识讲解 双气泡图

通过刚刚的对比，你有自己的选择了吗？相信你已经清楚该选择哪一种动物作为宠物进行饲养。上面用来对比的图示就叫作双气泡图。

绘制方法

双气泡图可以看作由两个气泡图结合而成。它有两个中心词，分别是需比较的两个事物。在两个中心词之间的气泡中，书写这两种事物的相同点，在两个中心词两侧的气泡中，书写这两种事物的不同点。

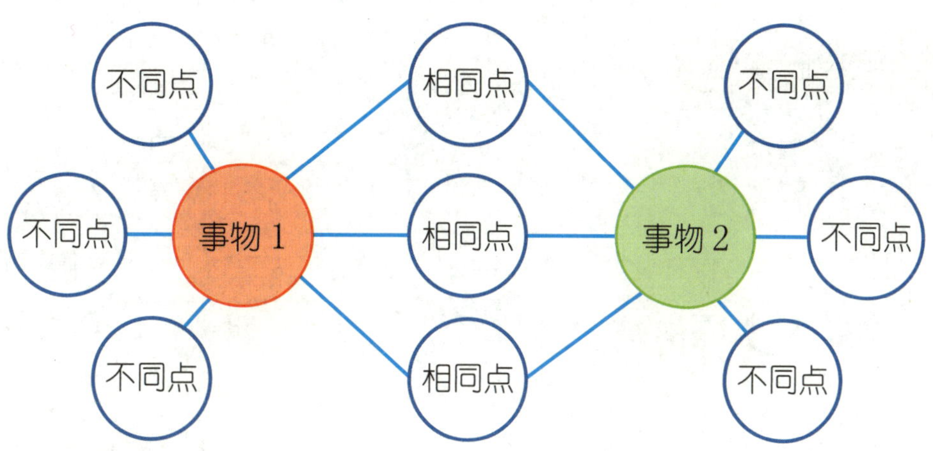

评价标准

维度及分值		满分标准
内容	**数量**（5分）	对比充分，对比要点数量多 参考值：三年级，相同点 3 个以上，不同点 3 组以上
	质量（5分）	1. 对比要点涵盖两事物的各个方面 2. 对比要点精练、准确、正确（注：不一定是形容词） 3. 两事物不同点尽量对应书写，对应要点应为同一角度的特有属性，避免“是”与“不是”的表述。如：红色－不是红色×，红色－蓝色✓（注：不对应也可） 4. 对比后得出有意义的结论或产生新的想法
形式（5分）		图示绘制正确、美观；文字大小适当、工整

应用范围

对事物进行对比和比较在生活和学习中都十分常见，当我们需要从两种事物中做出选择、需要更深刻地认识两种相似事物的时候，都可以借助双气泡图帮助我们完成对比，例如：在超市中遇到两个相似的商品、周末有两个出游方案、去电影院可以坐公交或地铁……在这些情况下我们都需要进行对比才能得出结论。

案例

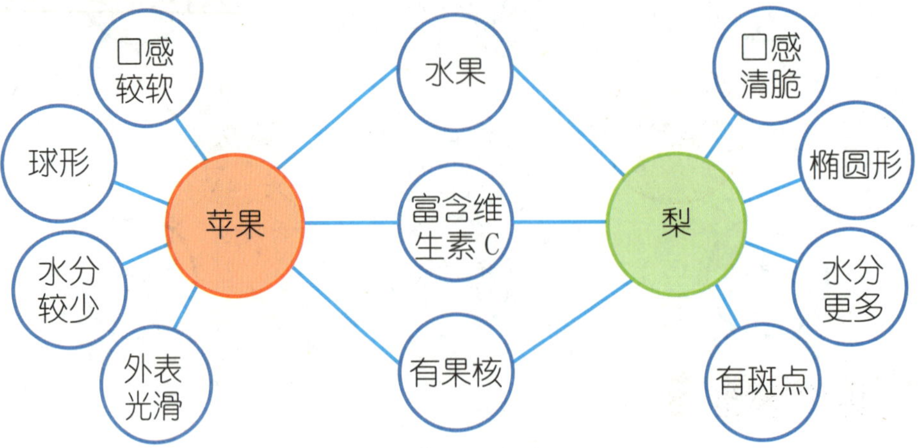

双气泡图：苹果和梨的对比

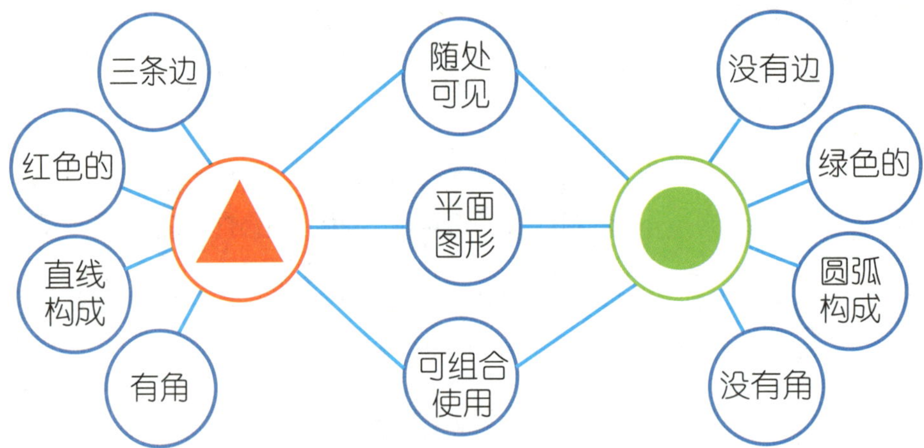

双气泡图：三角形和圆形的对比

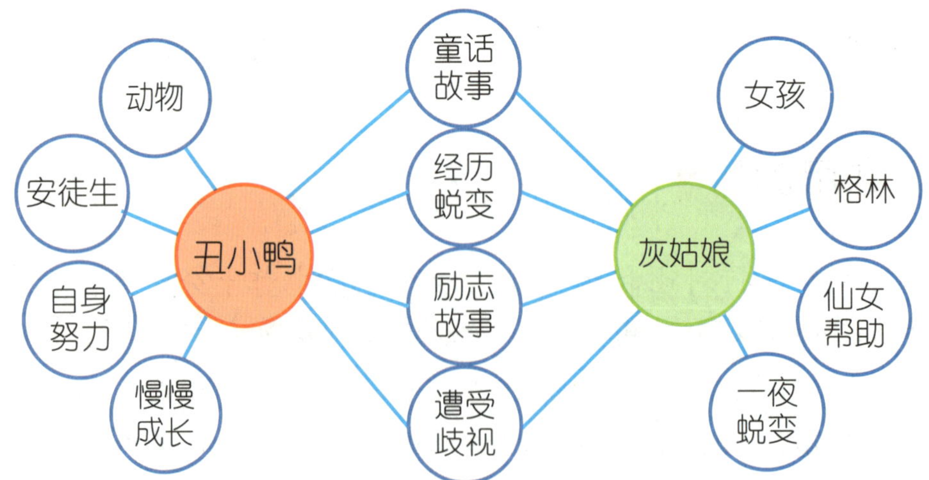

双气泡图：丑小鸭和灰姑娘的对比

练习

空气和水都是日常生活中十分常见的事物，也是自然科学中的两种重要物质，它们之间有什么相同点和不同点呢？利用双气泡图帮你进行对比吧，并将你得出的结论或新的想法记录下来。

主题二
出行方式选择

公共汽车和地铁都是我们经常会乘坐的交通工具，它们之间有什么相似与不同呢？我们该如何选择合适的交通工具呢？利用双气泡图帮你展开对比吧，并将你得出的结论或新的想法记录下来。

你了解你的爸爸和妈妈吗？你知道他们分别有哪些特点吗？他们又有哪些共同点呢？利用双气泡图对你的爸爸和妈妈进行对比吧，对比后你有什么新的发现呢？（可结合上节课的气泡图）

你已经在学校完成了两年多的学习，想必对语文和数学这两门学科有很深的感悟。下面就利用双气泡图对语文和数学两门学科进行对比吧，最后把你通过对比得出的结论也写下来。

双气泡图 主题练习

你的结论和新的想法：____________________

评分				评语	
	内容	数量			
		质量			
	形式				

第四节　综合实践——我的职业我做主

复习回顾　三种图示

在本单元的学习中，我们认识了三个新朋友。还记得这三种图示如何绘制吗？把它们画在下表的相应位置，并回忆一下它们分别是用来做什么的。

名称	圆圈图	气泡图	双气泡图
图示			
用途			

学习思维图示是为我们的生活和学习服务的，你觉得这三种图示在生活和学习中可以如何运用呢？

名称	圆圈图	气泡图	双气泡图
生活			
学习			

主题活动　我的职业我做主

你未来想从事什么职业呢？是老师、工程师、作家，还是……这节课我们就利用学过的思维图示，一起来探究一下这个问题吧！

活动1：关于职业的联想

提起“职业”这个词，你能联想到什么呢？利用圆圈图帮助你打开思路吧。

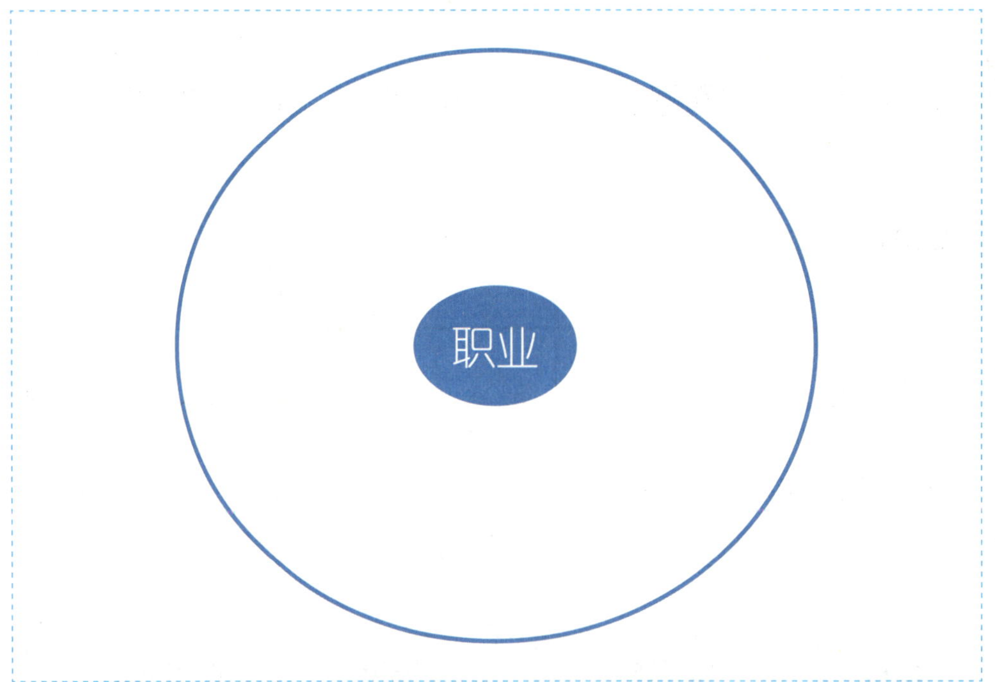

<table>
<tr><td rowspan="3">评分</td><td rowspan="2">内容</td><td>数量</td><td></td><td rowspan="3">评语</td><td rowspan="3"></td></tr>
<tr><td>质量</td><td></td></tr>
<tr><td colspan="2">形式</td><td></td></tr>
</table>

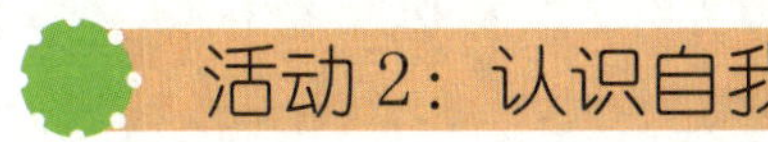

活动 2：认识自我

在选择未来职业之前，有一个重要的步骤，那就是了解你自己。根据你对自己的了解，用气泡图对自己进行描述吧！

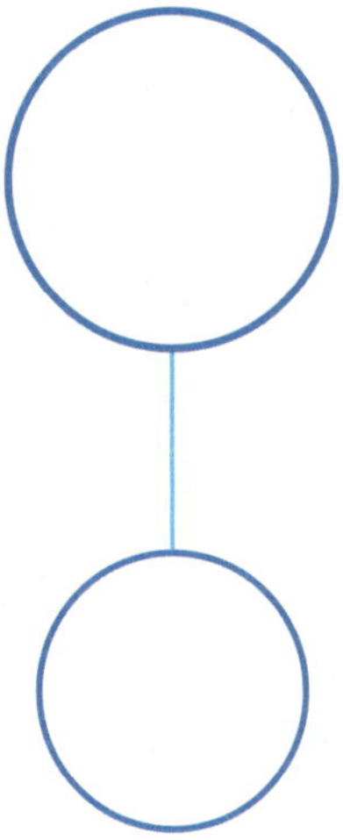

<table>
<tr><td rowspan="3">评分</td><td rowspan="2">内容</td><td>数量</td><td></td><td rowspan="3">评语</td><td rowspan="3"></td></tr>
<tr><td>质量</td><td></td></tr>
<tr><td colspan="2">形式</td><td></td></tr>
</table>

活动3：职业的探索

你一定设想过自己未来从事的职业吧，从中选择两种职业，利用双气泡图对它们进行对比吧，在对比前可利用圆圈图或气泡图帮助你对其中一种职业进行深入了解。

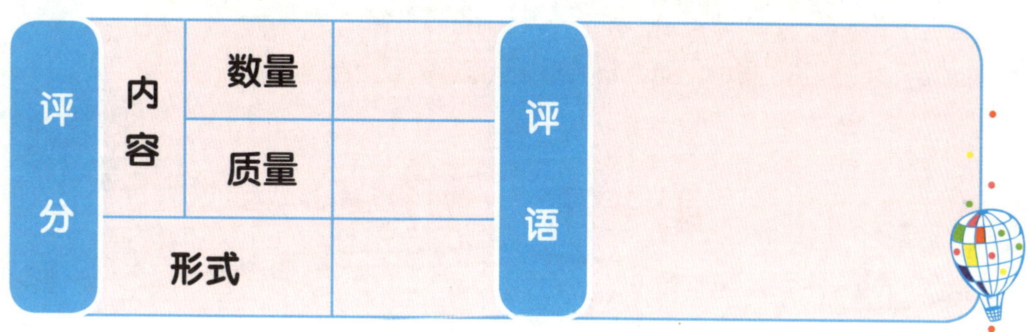

评分				评语
	内容	数量		
		质量		
	形式			

活动 4：感悟与反思

通过分析，你有什么新的想法和感悟产生吗？将它们写在下面吧！

第二单元 分类与拆分

第一节 树形图

情境导入 我的房间很乱

今天晚上同学要来家里做客，但明明发现自己卧室里的东西太多，特别杂乱。怎样才能让房间变得整洁呢？

思维助手来帮忙 如何整理？

想一想，超市和图书馆为什么如此井井有条，让我们可以很快地找到需要的东西？

没错，超市和图书馆都对物品进行了分类，这样才能保证我们根据类别查找物品。那么我们借助下面的图示帮助我们完成对明明卧室里物品的分类。

知识讲解　树形图

刚刚我们借助一种新的思维图示帮助明明完成了对个人物品的分类。明明可以把同类的物品放到一起，既可以使房间变得整洁干净，又可以方便使用的时候查找，以后就可以做一个有条理、爱干净的孩子了。这种用来分类的思维图示就叫作树形图。

绘制方法

树形图是由主题、类别、项目构成的，它像一棵树一样，主题是树根，类别是树枝，各个类别中的项目是树叶。绘制时，要先写出主题，然后根据类别数量画出分支，再书写类别。为了区

别类别和项目，要注意在每个类别下方画竖线，而后在竖线下方书写类别中的项目。

分类时要注意：1. 要明确分类标准，类别划分要符合科学常识。2. 每个类别不能有交叉，每个项目应只属于一个类别，要将主题中的所有事物分完。3. 分类标准并不唯一，例如：明明家的物品还可以按材质、大小、用途等进行分类。

评价标准

维度及分值		满分标准
内容	**数量**（5 分）	探索出多种分类标准，针对同一组事物画出多个树形图 （若只要求画一个树形图时则不在数量上做要求）
	质量（5 分）	1. 分类标准合理，符合科学依据，保证不交叉、不遗漏 2. 每个项目均分到正确的类别中 3. 尽量避免“是”与“非”、“有”与“无”等分类方式 4. 正确理解分类的意义，为解决问题服务
形式（5 分）		图示绘制正确、美观；文字大小适当、工整；类别下画竖线（类别和项目下的横线可以不画）

应用范围

“分类”在生活和学习中十分常见，并且应用广泛。在生活中，

随处可见的垃圾分类回收、每天对个人物品的分类整理、超市货架的分类摆放……这些都给我们的生活带来了极大的便利，生活在分类中变得更加美好；在学习中，对知识点的分类整理、对生字的分类记忆、众多科学概念的分类讲解……这些也都让我们提高了学习知识的效率，学习在分类的帮助下变得十分简单。在这些情况下，树形图都可以派上用场。

案例

树形图：脊椎动物的分类

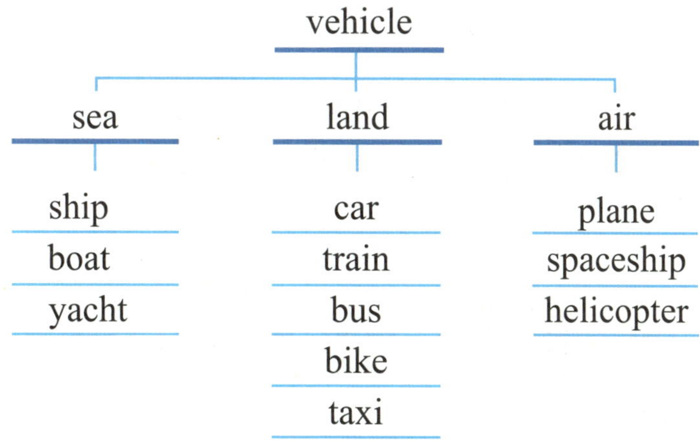

树形图：交通工具的分类

生活垃圾

可回收物	厨余垃圾	有害垃圾	其他垃圾
玻璃	蛋壳	废电池	灰土
报纸	菜叶	过期药品	杂草
塑料	剩菜剩饭	废日光灯管	烟头
金属	骨头	水银温度计	卫生纸

树形图：生活垃圾的分类

练习

世界上有许多种水果，而水果的分类也有很多种。下面给出了一些水果，请利用树形图将它们分类。（注意：分类标准并不唯一，每一种分类标准对应一个树形图）

下面的这张图片是一个家庭的全家福，里面以小男孩为起点，包括了他的爷爷、奶奶、爸爸、妈妈、姐姐。请用不同的分类标准对这六个人进行分类。（注：也可以对你自己的家人进行分类）

我们每天都会产生无数种心情，下面的20个词都是描述心情的，根据你的理解对这些词进行分类吧，分类后，也可以把更多的词添加到树形图中。

兴奋　恼火　忧伤　欢快　愁闷　欣喜　惊恐
惊慌　惧怕　胆怯　震怒　担忧　忧愁　悲伤
快乐　伤感　喜悦　气愤　发慌　愉快

学校正在布置新装修好的图书馆，雇佣你做图书管理员，帮助完成图书的分类摆放。根据你的经验，你觉得书籍应该分成哪些类进行摆放呢？每一类中又会包括哪些书籍呢？利用树形图帮助你吧！

主题五

神奇的汉字

汉字文化博大精深，我们一起来“玩”一下汉字吧。下面有很多汉字，这些汉字可以如何分类呢？用不同的分类标准对这些汉字进行分类吧。

腰　扎　同　朋　从　曾　众　林
柳　双　树　数　间　炎　仅　扣
晶　匠　回　假　朝　圈　华　提

树形图 主题练习

评分	内容	数量		评语	
		质量			
	形式				

第二节 括号图

情境导入 介绍心爱的玩具

小朋友来明明家做客了。大家发现房间非常整洁，心情特别好。明明想把她最喜欢的玩具介绍给朋友，可是该如何介绍呢？

思维助手来帮忙 整体与部分关系

快来看看下面几样东西，说说它们之间是什么关系。

没错，右边四个都是左边“苹果”的一部分，这就是整体与部分的关系，苹果是“整体”，右边四个是“部分”。你能说出有哪些事物间是整体与部分的关系吗？

同样，树也可以用整体与部分的关系来分析。

跟着做　树是由哪几部分组成的

知识讲解　括号图

刚刚我们利用了一种新的思维图示分析了大树中所包含的整体与部分关系，这样一来，我们便可以根据这个图示，为别人介绍大树这一事物，同时我们对树的理解也更加深入了。这种用于对事物进行拆分、表示“整体－部分”关系的思维图示就叫作括号图。

绘制方法

括号图由关键词和大括号组成，“整体”在左侧，它的“部分”在右侧，中间是大括号，“部分”还可作为“整体”继续拆分。括号图可以包含多个层次，层次的划分要合理恰当，例如树冠、树干、树根在一个层次，而果肉和树干则不能放在同一层次。要注意，括号图不用来表示类别关系，不要与树形图进行混淆。

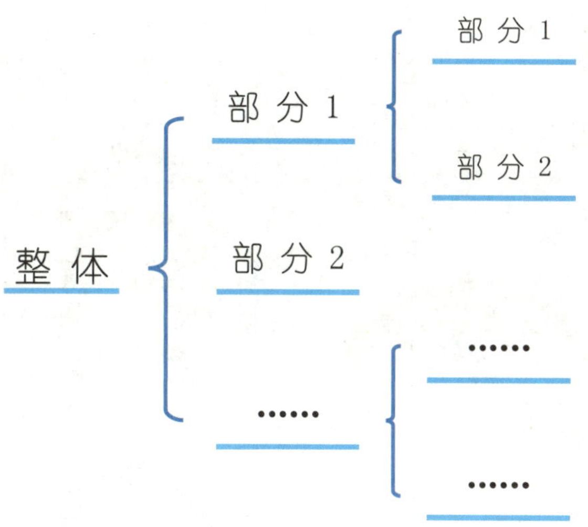

评价标准

维度及分值	满分标准
内容（5分）	1. 对事物的拆分合理、完全，符合科学常识 2. 层级划分合理，隶属同一层次 3. 正确理解整体与部分关系
形式（5分）	图示绘制正确、美观；文字大小适当、工整

应用范围

整体与部分关系是我们认识世界的一个重要关系，它告诉我们关注事物整体的同时，也要关注到整体的内部组成部分，这样才能建立对事物全面客观的认识，也可以加深对事物的理解。当你需要理解或设计具有复杂构造的事物或概念时，括号图便可以帮到你。

括号图：七色彩虹

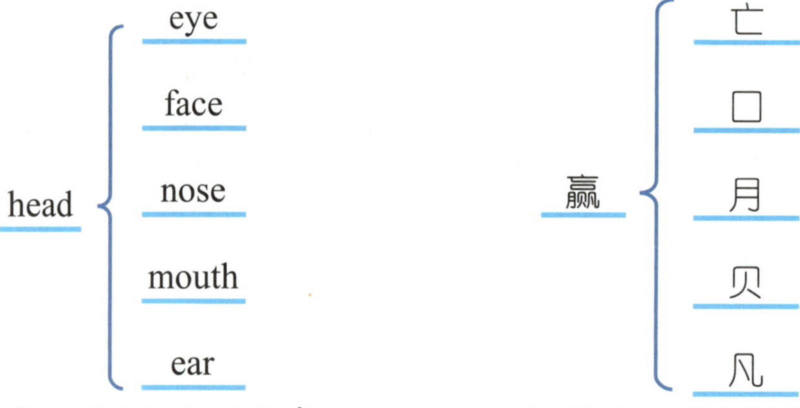

括号图："头"上的器官　　括号图：说文解字

括号图：电脑的组成部分

练习

主题一　明明的玩具

现在我们可以来帮助明明解决问题了，一起用括号图将她的玩具介绍给其他小伙伴吧。你也可以选择自己喜欢的玩具给同学们介绍。

翻开你的语文课本，一定能找到一篇你最喜爱的课文，请用括号图分析这篇课文的主要内容吧。思考一下它是由哪几部分构成的，然后根据你的括号图把课文讲给同学听。

冬天到了，外面下了好大的雪。你想不想堆一个可爱的雪人呢？又该如何堆雪人呢？首先要明确雪人是由哪几部分构成的。请利用括号图分析左侧雪人的构造吧！要求至少包含两层。（可以用图形或文字表示每一部分。）

蚂蚁是一种十分常见的昆虫，它是由哪几部分构成的呢？赶紧去观察一下，或者到图书馆或网上查一查吧！将你观察或查询到的结果用括号图表示出来。

发挥你想象力的时候到了！如果你是一名设计师，你想设计什么呢？机器人？未来学校？玩具？生活用品？将你的创意都爆发出来吧，看谁的设计最具新意、最实用。利用括号图来展示你的设计吧！

括号图 主题练习

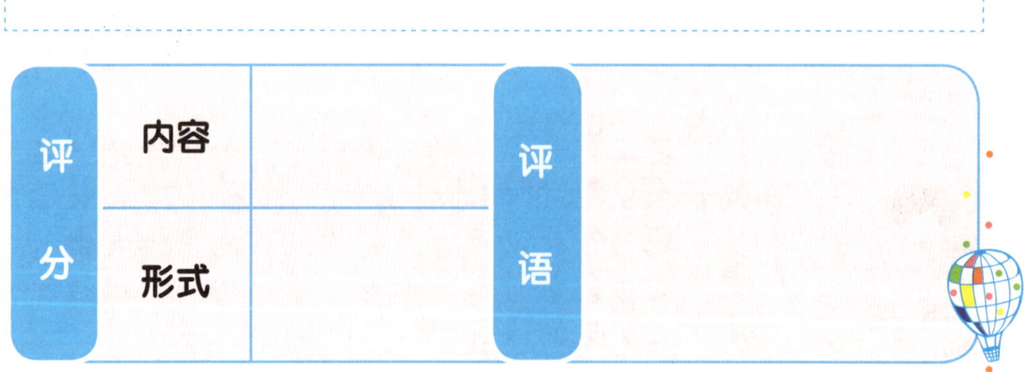

评分	内容		评语	
	形式			

第三节　综合实践——扑克总动员

复习回顾　两种图示

在本单元的学习中，我们认识了两个新朋友。还记得这两种图示如何绘制吗？把它们画在下表的相应位置，并回忆一下它们分别是用来做什么的。

名称	树形图	括号图
图示		
用途		

学习思维图示是为我们的生活和学习服务的，你觉得这两种图示在生活和学习中可以如何运用呢？

名称	树形图	括号图
生活		
学习		

主题活动　扑克总动员

扑克是很多人都玩过的纸牌游戏，它有时也会被用来变魔术和变戏法，但是在思维课中，扑克牌有它特殊的用途。

活动 1：关于扑克的联想

提起“扑克”这个词，你能联想到什么呢？利用圆圈图帮助你打开思路吧。

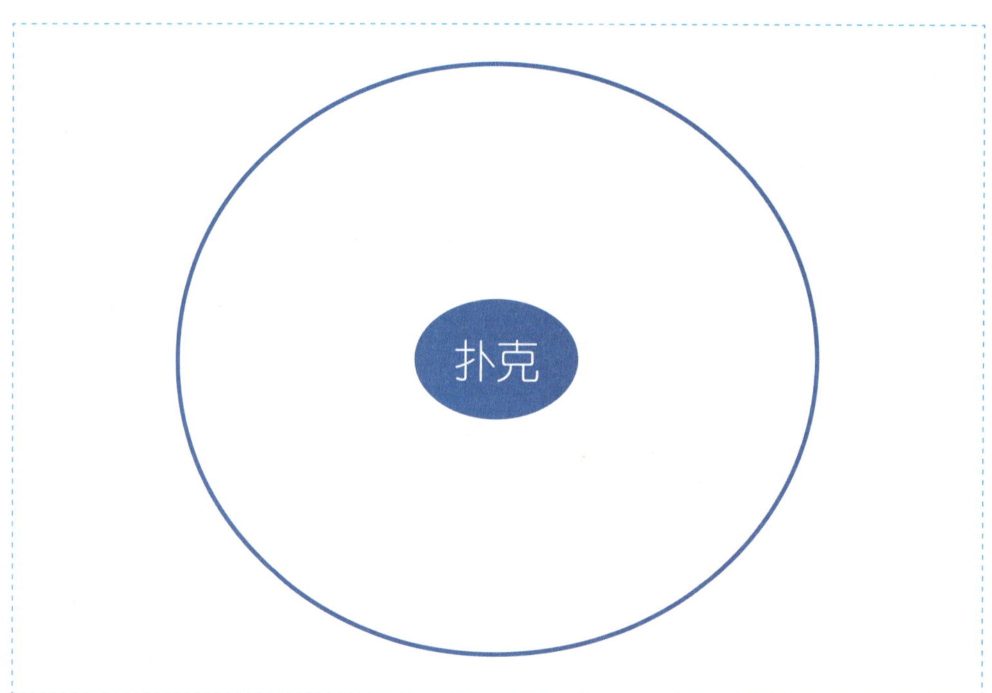

<table>
<tr><td rowspan="3">评分</td><td rowspan="2">内容</td><td>数量</td><td></td><td rowspan="3">评语</td><td rowspan="3"></td></tr>
<tr><td>质量</td><td></td></tr>
<tr><td colspan="2">形式</td><td></td></tr>
</table>

活动 2：扑克的分类

现在我们随机地从 54 张扑克中抽出 10 张，摆放在桌子上，你觉得这 10 张牌可以有多少种分类方式呢？请想出两种分类标准，并分别绘制树形图吧！

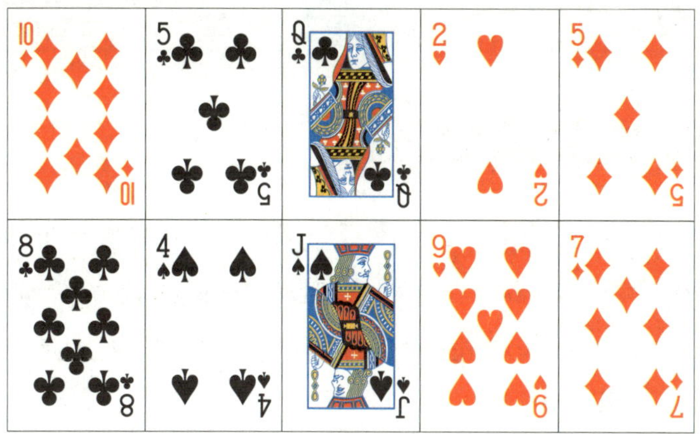

<table>
<tr><td rowspan="3">评分</td><td rowspan="2">内容</td><td>数量</td><td></td><td rowspan="3">评语</td><td rowspan="3"></td></tr>
<tr><td>质量</td><td></td></tr>
<tr><td colspan="2">形式</td><td></td></tr>
</table>

活动 3：更多的分类标准

经过大家的集体智慧，相信你又有了更多的关于分类标准的启发。依然是这 10 张牌，还能有哪些分类标准呢？继续开动大脑吧！将你想到的分类标准写到下面的括号图中，看看谁想出的分类标准更多、更好！

更多分类标准

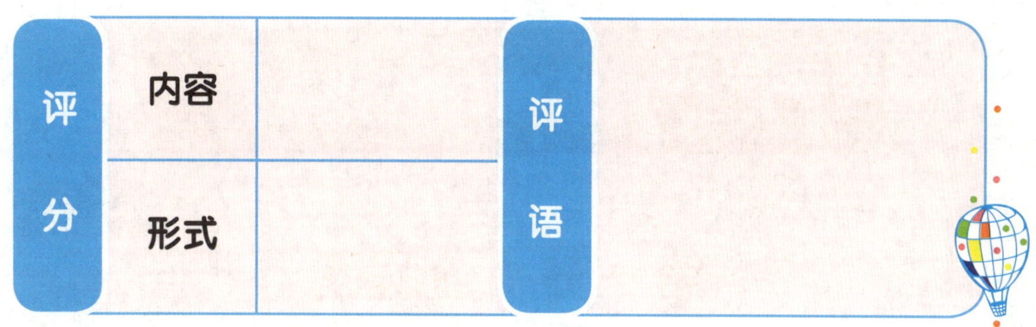

评分	内容		评语	
	形式			

活动 4：感悟与反思

通过分析，你有什么新的想法和感悟产生吗？将它们写在下面吧！

第三单元 顺序与因果

第一节 流程图

情境导入 今天我主厨

今天，爸爸妈妈都在加班，只剩明明一个人在家，必须要自己做晚饭了。明明决定做碗西红柿鸡蛋面，该如何着手呢？

思维助手来帮忙 如何制作西红柿鸡蛋面？

为了解决这个问题，我们需要知道制作西红柿鸡蛋面的步骤，这样才能一步一步地完成面条的制作。让我们利用下面的图示一块来解决这个问题吧。

跟着做　制作流程

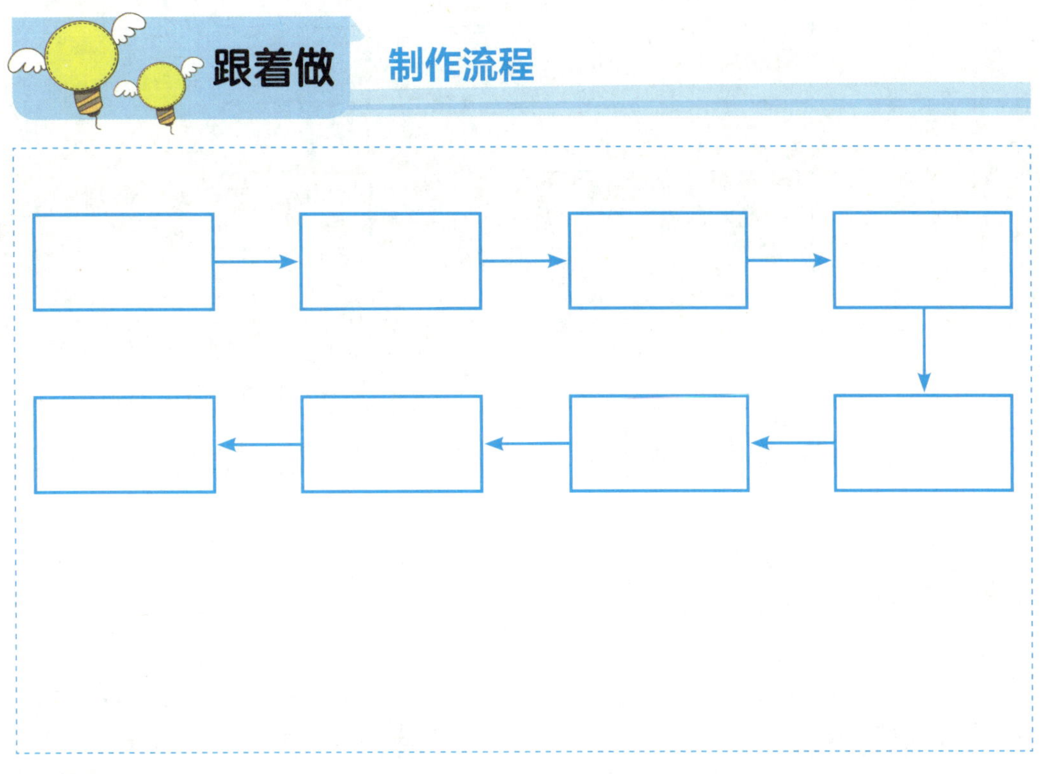

知识讲解　流程图

刚刚我们利用了一种新的思维图示来梳理制作西红柿鸡蛋面的过程，这样我们在制作面条时，就可以有条不紊、事半功倍了，相信通过自己的努力做成的西红柿鸡蛋面一定会很香。这种用来分析事物顺序或步骤的图示就叫作流程图。

绘制方法

流程图由方框和箭头组成。每个方框中书写一个步骤，箭头方向表示步骤的顺序。每一个步骤还可以有“子步骤”，也就是将步骤细化拆分后的步骤，这些子步骤要写在步骤下面，用竖线连接，如果子步骤间有明显的顺序，也可以用箭头将它们连接起来。

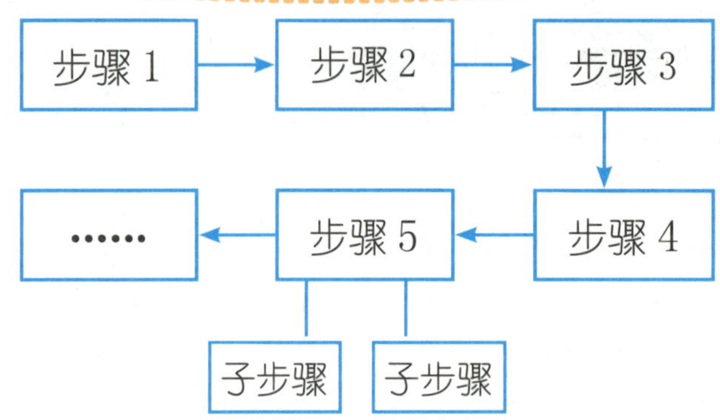

书写步骤时，描述要精简概括、准确无误，方框的形状、排列方式都没有限制，按照你喜欢的形状和布局绘制即可。

评价标准

维度及分值		满分标准
内容	**数量**（5 分）	步骤的数量适中（不啰嗦，说清楚） 参考值：一般步骤的数量不要超过 10 个
	质量（5 分）	1. 步骤安排详略得当，不要过于详细或过于简略 2. 步骤可以操作，符合事物发展规律 3. 步骤描述精练、准确、清楚
形式（5 分）		1. 方框、箭头绘制规范，正确理解子步骤含义 2. 图示绘制美观，文字大小适当、工整

应用范围

流程图在生活和学习中的应用十分广泛。生活中，在医院看病、去公园游玩、在超市购物……这些情境中都会出现流程图的身影；学习中，计算机程序运行的流程、解答数学题的步骤、写作文前列的提纲都是流程图应用的典型例子。要想将事情办得有条不紊、合理高效，就需要流程图来帮忙。

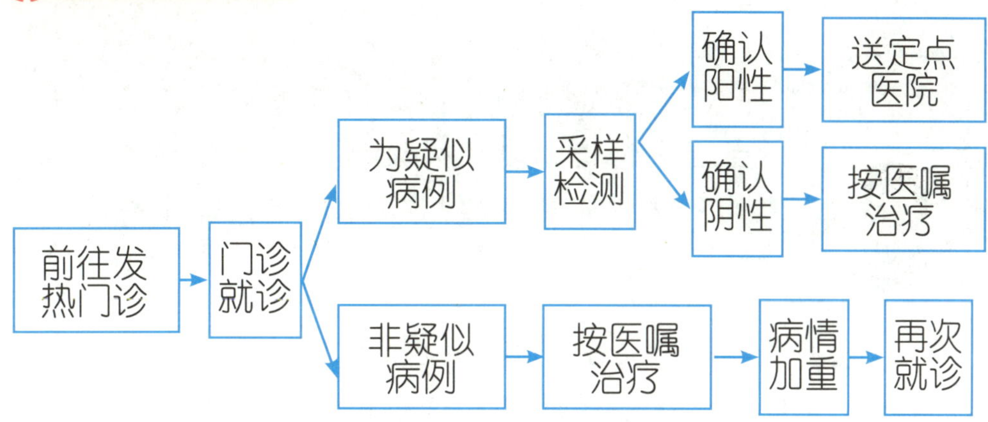

流程图：发热病人就诊

流程图：丑小鸭

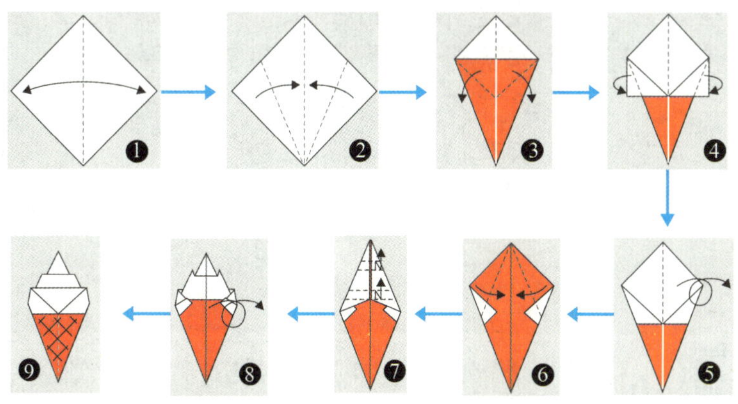

流程图：折纸冰淇淋

练习

主题一

美好的周末应该如何度过呢？你的周末生活应该由你自己来设计。下面就利用流程图来设计你自己的周末时光吧！看谁的周末过得最有意义、最快乐！

主题二

毛毛虫是一种难看的动物，但在它长大以后就会变成一只美丽的蝴蝶，这个过程是怎样的呢？快去查一查相关的书籍和网站，利用流程图来描述这一神奇的自然规律吧！

主题三

你有想过10年后、20年后、30年后、40年后、50年后、60年后的自己是什么样子吗？等到那个时候你会在做什么呢？用一个流程图把它们描绘出来吧！

主题四

你在学校一定做过不少的手工，爸爸妈妈看到你拿回家的作品十分羡慕，想让你教给他们。请从众多的手工中选择一个，利用流程图表示它的做法吧，相信你的爸爸妈妈看了之后一定能学会！

主题五

相信你一定跟爸爸妈妈去超市买过东西吧！那么在超市购物的流程是什么样的呢？从进入超市到离开超市的过程都需要经历什么步骤呢？用流程图帮助你梳理一下吧！

流程图 主题练习

<table>
<tr><td rowspan="3">评分</td><td rowspan="2">内容</td><td>数量</td><td></td><td rowspan="3">评语</td><td rowspan="3"></td></tr>
<tr><td>质量</td><td></td></tr>
<tr><td colspan="2">形式</td><td></td></tr>
</table>

第二节　复流程图

情境导入　我得近视了?

明明发现班上好多同学戴上了眼镜，便害怕了起来，怎么样才能防止自己近视呢？思维助手快来帮忙吧！

思维助手来帮忙　如何监督自己保护眼睛

为了解决明明的疑问，我们需要回答下面的问题：

- 是什么导致近视发生的呢？
- 得了近视之后会有哪些后果呢？

下面的思维图示就能帮助我们回答！

跟着做　近视的原因和后果

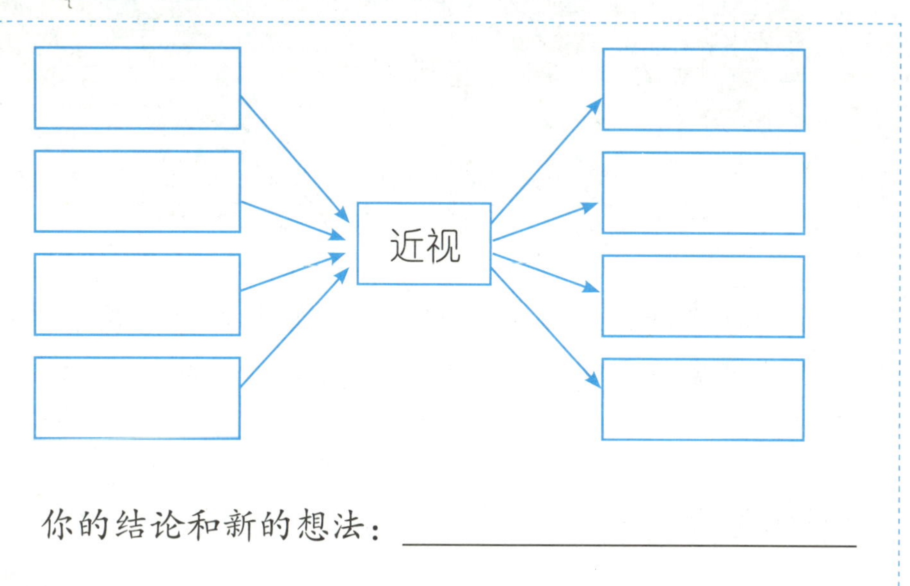

你的结论和新的想法：______________________________

知识讲解　复流程图

刚刚通过绘制这张图，我们知道了近视之后会给我们带来很多麻烦，所以我们要努力不让自己得近视。我们又知道了近视是如何形成的，这样我们就懂得怎么做才能防止近视了，这便解决了明明提出的问题。这种用来表示因果关系、分析原因和结果的图示就叫作复流程图。

绘制方法

复流程图可以理解为流程图的组合，将流程图的步骤、顺序关系变为原因和结果的描述，就形成了复流程图的一条分支，多条分支组合起来便形成了一个复流程图。绘制时，将某一现象作为中心词，在它的左侧书写出现这一现象的原因，在它的右侧书写现象所导致的结果，原因和结果不需要一一对应。

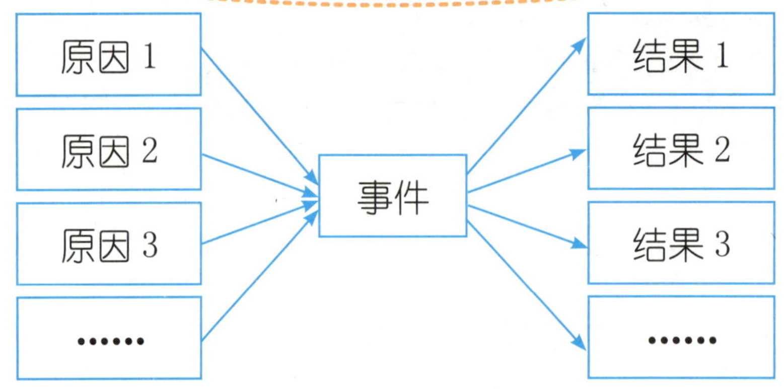

在绘制时要注意，箭头的方向是从原因到中心词，再从中心词到结果，不要将箭头方向画反；同时，原因和结果的表述要简洁、完整。

评价标准

维度及分值		满分标准
内容	**数量**（5 分）	分析得到多个原因和结果 参考值：原因和结果分别至少 4 条
	质量（5 分）	1. 分析得出的原因和结果合理、深入 2. 原因和结果的表述清晰、简洁、完整 3. 从多个角度分析原因和结果 4. 能在分析之后得出新的想法或结论
形式（5 分）		绘制箭头，且方向正确 图示绘制美观，文字大小适当、工整

应用范围

复流程图是帮助我们分析问题的好帮手，生活和学习中都十分常用。当你遇到一个麻烦的问题不知如何解决，便可以把它作为中心词，分析它产生的原因和导致的结果，往往在分析后就能找到问题的解决办法了。例如：经常迟到、不爱吃蔬菜、上课无法集中精力等等。

案例

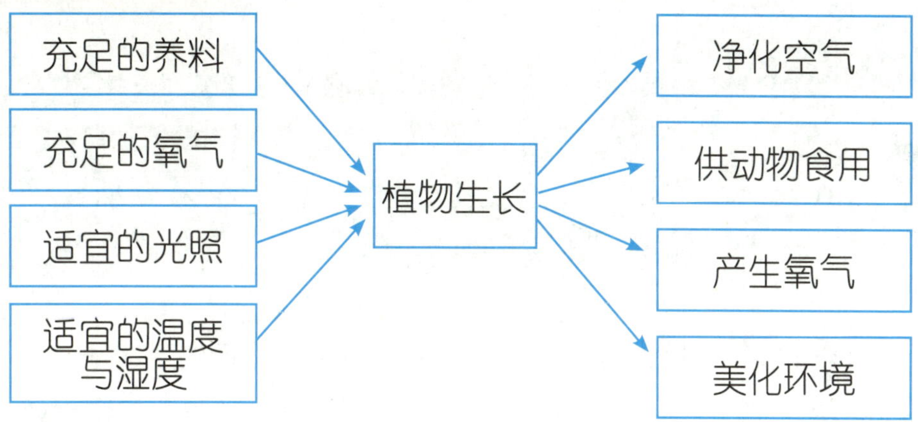

复流程图：植物生长的条件与意义

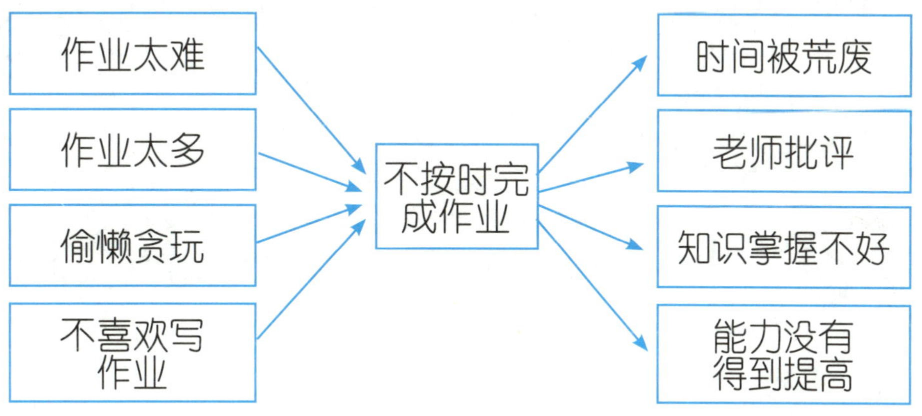

复流程图：不按时完成作业

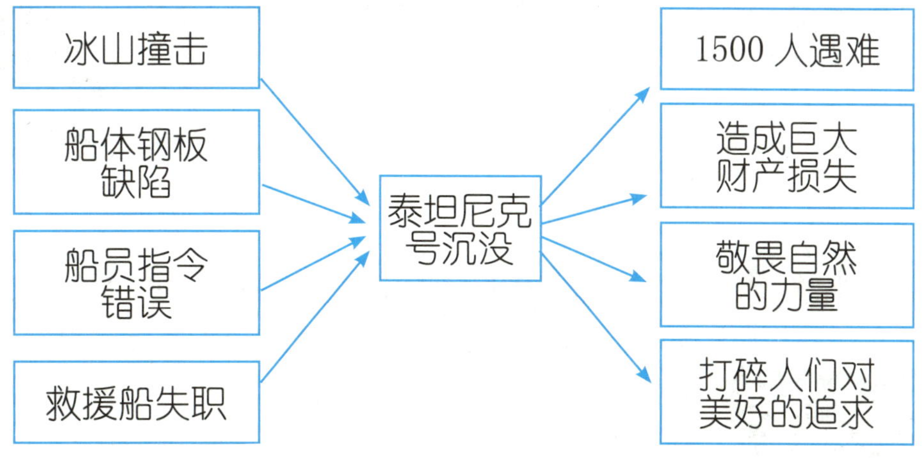

复流程图：泰坦尼克号沉没

练习

水是人类赖以生存的资源，但水资源正在遭受不同程度的污染。根据你的了解对“水污染”这一事件进行原因和结果分析。用复流程图来帮助你吧！

今天放学后，明明突然发现家楼下的便利商店关门了，上面挂着“停业”的牌子，你能猜想一下这可能是什么原因吗？商店停业会造成什么后果呢？将你的猜想用复流程图表示吧！

明明班上有位同学经常上学迟到，如何帮助这位同学改掉上学迟到的习惯呢？利用复流程图分析一下“上学迟到”的原因和后果吧！

火灾是一种常见的事故，那么什么原因会导致火灾发生呢？火灾发生后又会造成什么危害呢？请查阅相关书籍或浏览网页弄清楚吧！将你获得的信息用复流程图来表示。

在大街上经常会有交通拥堵的情况发生，那么造成交通拥堵的原因可能是什么呢？交通拥堵又会造成什么后果呢？用复流程图分析一下吧！

复流程图 主题练习

评分	内容	数量		评语	
		质量			
	形式				

第三节　综合实践——地铁达人

复习回顾　三种图示

在本单元的学习中，我们认识了两个新朋友。还记得这两种图示如何绘制吗？把它们画在下表的相应位置，并回忆一下它们分别是用来做什么的。

名称	流程图	复流程图
图示		
用途		

学习思维图示是为我们的生活和学习服务的，你觉得这两种图示在生活和学习中可以如何运用呢？

情境	流程图	复流程图
生活		
学习		

主题活动　地铁达人

地铁已经成为生活中越来越必不可少的一部分，它给我们的生活带来了不少的改变，我们这节课就来研究一下地铁相关的问题。

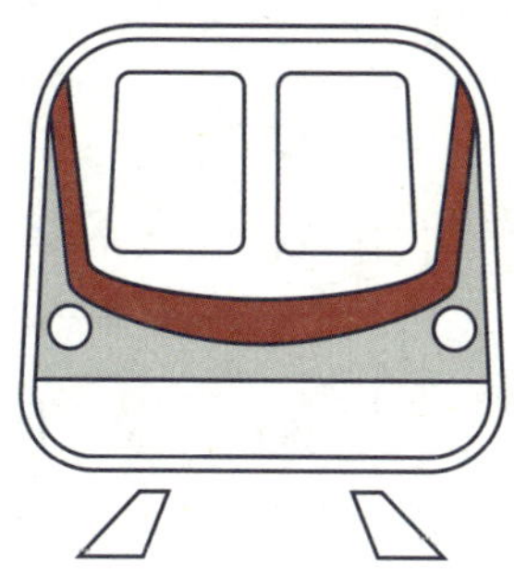

活动 1：关于地铁的联想

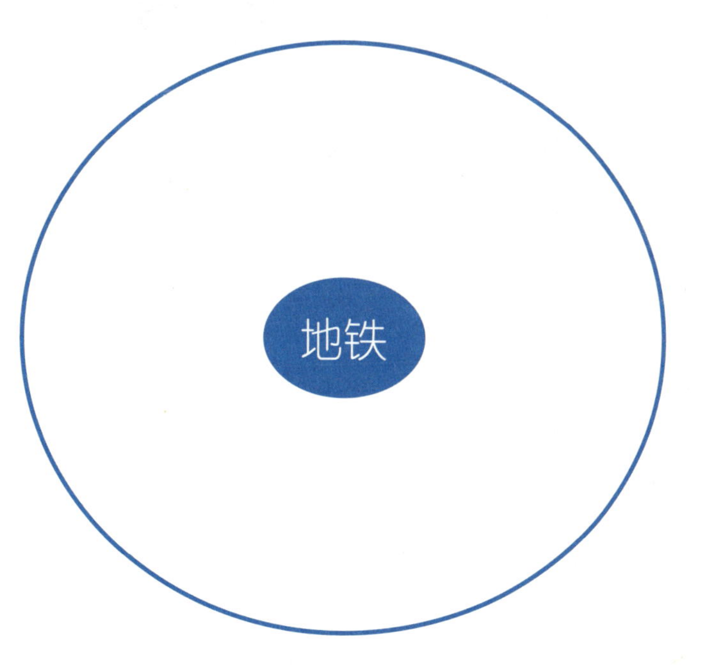

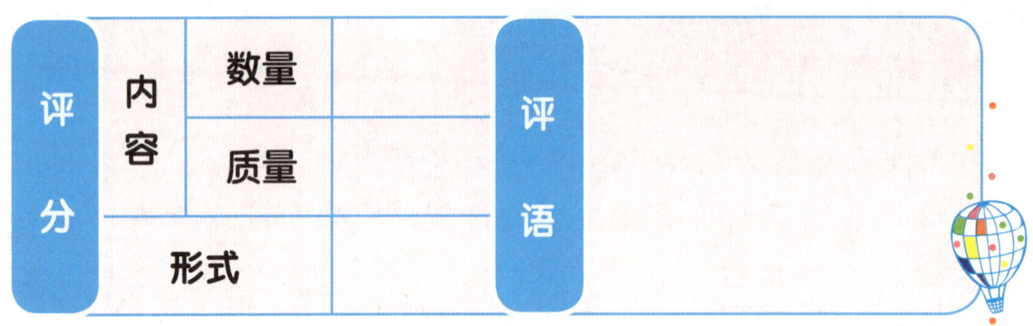

评分				评语	
	内容	数量			
		质量			
	形式				

活动 2：地铁指南

对于第一次乘坐地铁的人来说，如何坐地铁成为了一个难题，那么从进站到出站的过程中，需要经过什么步骤呢？每个步骤又有什么注意事项呢？用流程图来制作一幅“地铁指南”吧！相信你的作品会帮助很多人的。

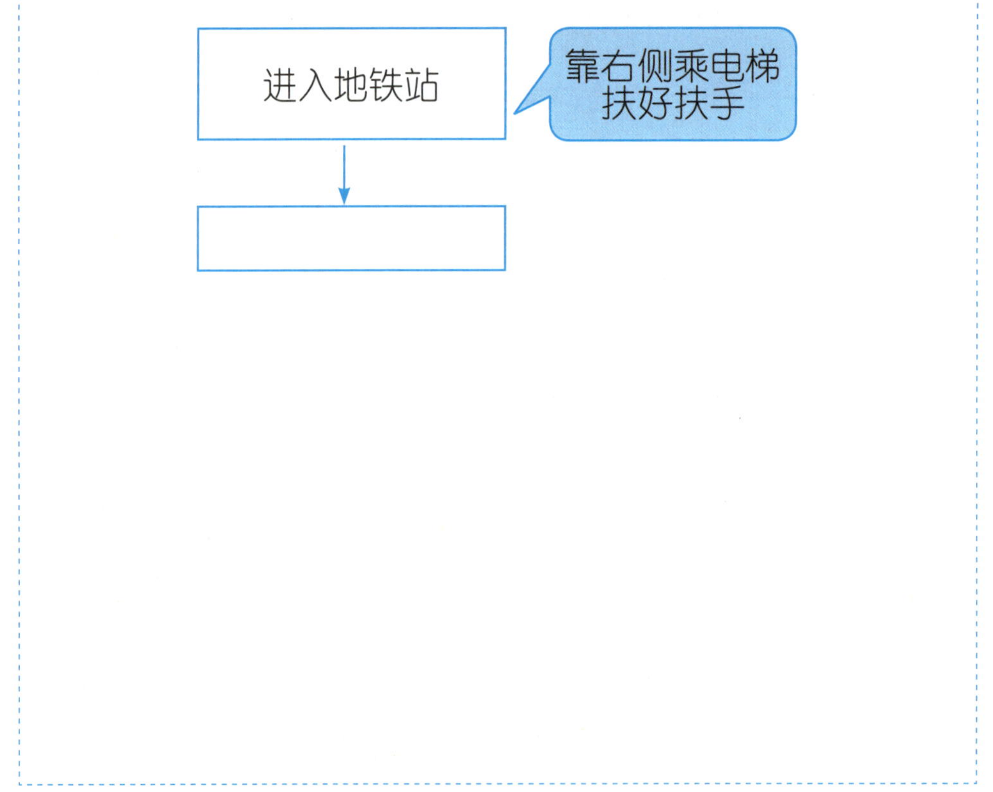

评分				评语	
	内容	数量			
		质量			
	形式				

活动 3：我是地铁专家

世界上首条地下铁路系统是1863年开通的伦敦大都会铁路。假设你是生活在100多年前的地铁发明者，是什么促使你想要修建地铁的呢？你预测修建地铁之后，城市会发生什么改变呢？利用复流程图帮助你分析一下吧！

修建地铁

<table>
<tr><td rowspan="3">评分</td><td rowspan="2">内容</td><td>数量</td><td></td><td rowspan="3">评语</td><td rowspan="3"></td></tr>
<tr><td>质量</td><td></td></tr>
<tr><td colspan="2">形式</td><td></td></tr>
</table>

活动4：感悟与反思

通过分析，你有什么新的想法和感悟产生吗？将它们写在下面吧！

第四单元　类比与综合

第一节　桥形图

情境导入　这些词是什么意思?

晚上明明拿来爸爸每天看的报纸，想读一读上面的新闻，但发现了好多不理解的名词，明明该怎么办呢?

思维助手来帮忙　画图学习陌生概念

为了解决明明遇到的问题，我们可以用熟悉的词来解释陌生的词，利用下面的思维图示来帮助我们吧!

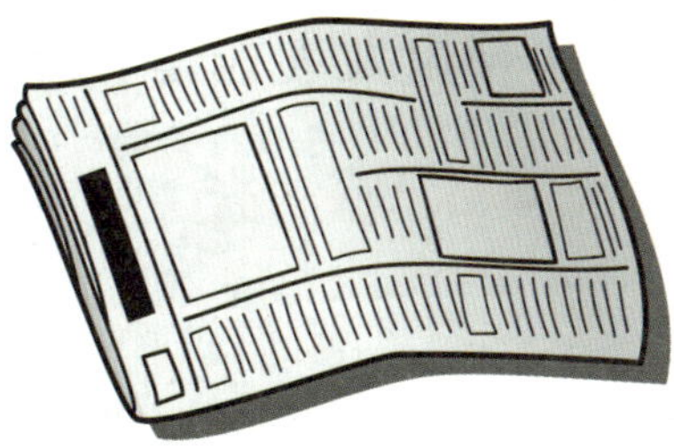

跟着做　认识陌生概念

“波兰”是什么意思？

波兰 / 欧洲　相当于　中国 / 亚洲　相当于

“华沙”是什么意思？

华沙 / 波兰　相当于　北京 / 中国　相当于

“兹罗提”是什么意思？

知识讲解　桥形图

刚刚通过三个图示，我们很轻松地了解了三个生词的含义，这个图示建立起生词和熟悉概念之间的类比关系，不用说话，就能猜出这些生词的意思。这种用来表示类比关系的图示就叫作桥形图。

绘制方法

桥形图形状像一座桥。桥的中间书写“相当于”，横线上方和下方书写一组具有某种关系的两种事物，每组事物的关系是相同的，各组之间形成类比的关系。

绘制桥形图的关键在于，明确上下两个事物之间的关系，绘制时要保证每一组上下两个事物都满足这个关系。例如：第一个例子中，上下两个事物间的关系是，A属于B；第二个例子中，上下两个事物间的关系是，A是B的首都；第三个例子中，上下两个事物间的关系是，A是B的货币。

必要的时候，需要在桥形图旁边注明A和B的关系。

桥形图可以这样阅读：A与B的关系，相当于，C与D的关系。例如：华沙是波兰的首都，相当于，北京是中国的首都。

A与B的关系

A　C　……
相当于　相当于
B　D　……

评价标准

维度及分值		满分标准
内容	数量(5分)	尽可能多地寻找关系相同的组合
	质量(5分)	1. 上下两个事物间有明确的关系，并标明每组事物间的关系相同 2. 类比出的组合有新意、符合科学常识
形式(5分)		1. 图示绘制正确、美观 2. 文字大小适当、工整

应用范围

桥形图在我们的学习和生活当中非常有用，它可以用来建立事物间的联系，介绍某种事物，探索事物的特征，发现新规律新事物等等。科学家们在发明创造的过程中，“类比”起到很大的作用。

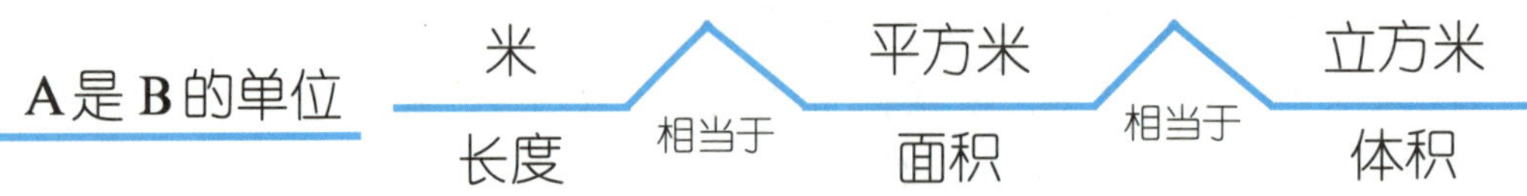

A是B的作者

罗贯中 / 三国演义 相当于 吴承恩 / 西游记 相当于 施耐庵 / 水浒传 相当于 曹雪芹 / 红楼梦

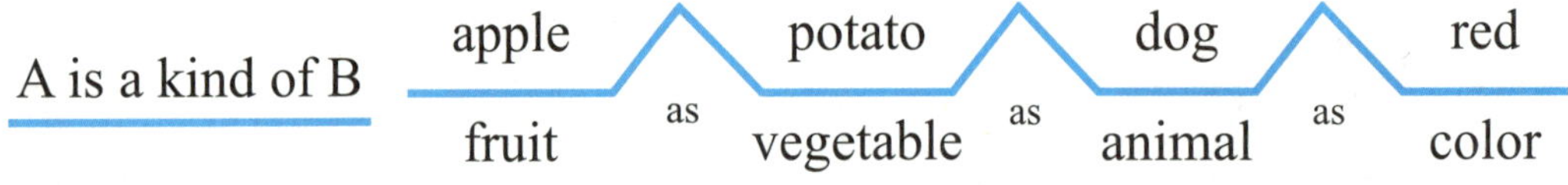

A像B一样

春雨 / 丝线 相当于 圆月 / 玉盘 相当于 湖面 / 镜子 相当于 白雪 / 棉花

A是B的标志性建筑

万里长城 / 中国 相当于 自由女神像 / 美国 相当于 埃菲尔铁塔 / 法国

练习

主题一 寻找类比关系

下面的这些空格可以填什么呢？试着填一填，并说明上下两个事物之间的关系。注意：答案并不唯一。

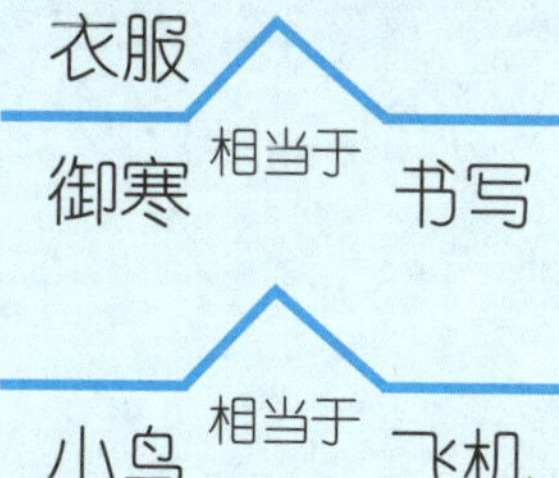

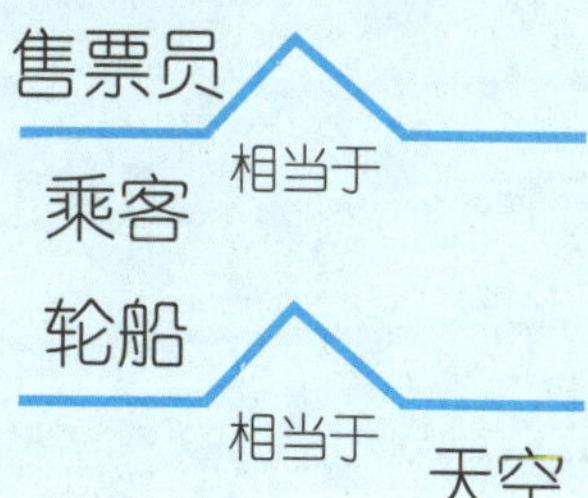

历史上，人类从动物身上受到启发，有了很多发明，例如从蜻蜓身上受到启发从而发明了飞机，猜一猜下面空白处代表的是什么发明或动物。最后几个问号全都是留给你的，你觉得可以根据什么动物发明什么呢？

主题二 我是发明家

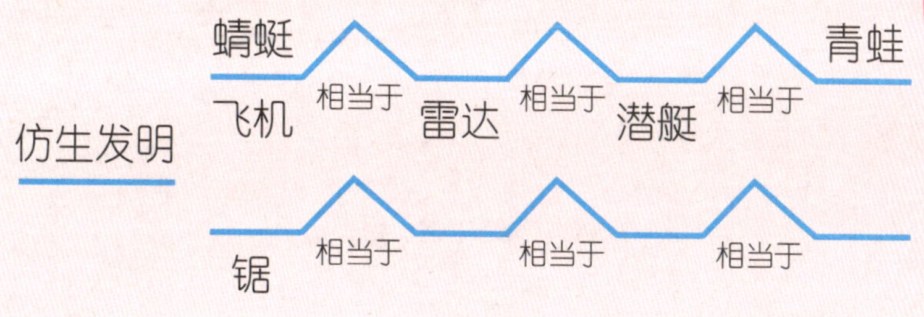

主题三 自己的桥形图

看了这么多桥形图，你一定想设计自己的桥形图了吧，就在下面的空白处展开创作吧！看谁画的桥形图类比关系最恰当、延伸得最长！注意：不要忘了标明上下两个事物间的关系。

桥形图 主题练习

评分	内容	数量		评语	
		质量			
	形式				

第二节　综合实践——学期知识回顾

主题活动　学期知识回顾

经过一个学期的思维课学习，你一定对各种思维图示有了很深入的了解，这节综合实践课，我们就来检验一下学习成果。

活动1：关于思维课的联想

提起“思维课”，你能联想到什么呢？利用圆圈图帮助你打开思路吧。

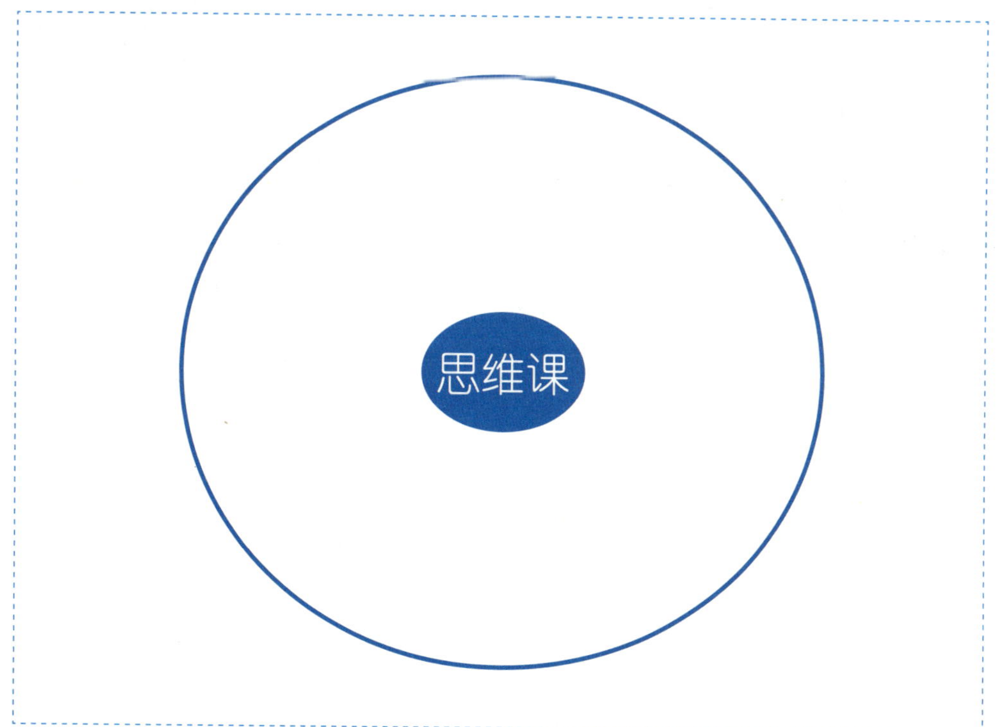

活动 2：复习八种图示

填写下面的两个思维图示，完成对八种思维图示的复习。

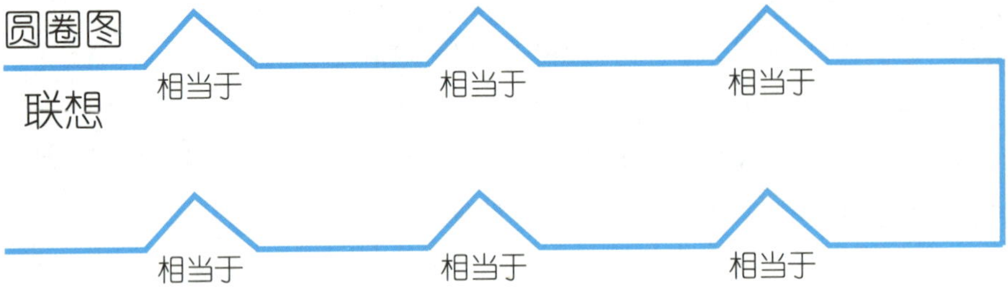

圆圈图

联想

相当于

相当于

相当于

相当于

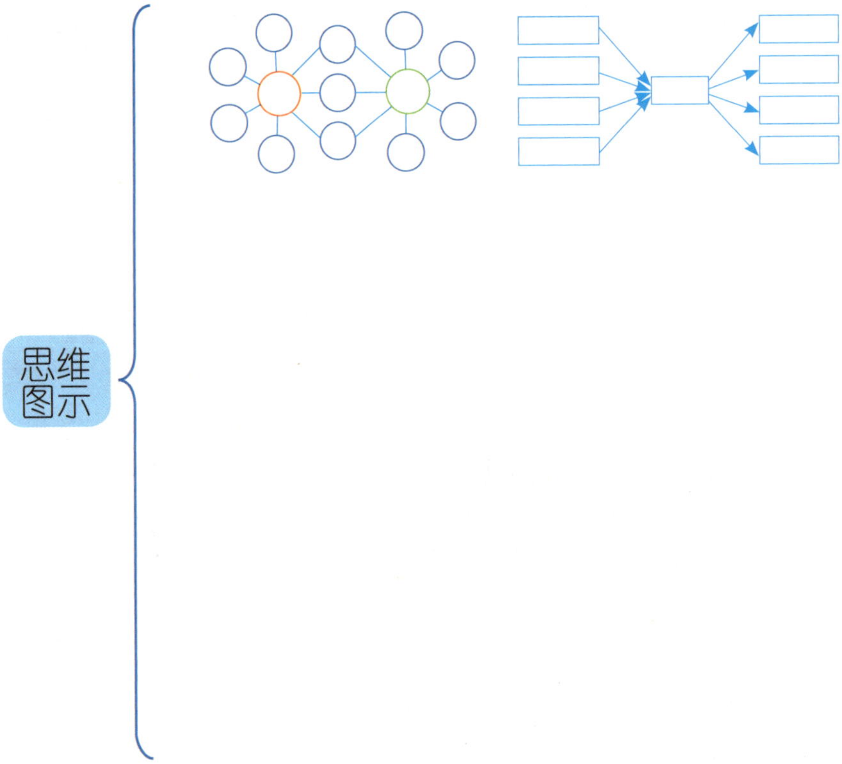

相当于

相当于

思维图示

活动 3：应用图示解决问题

学习思维图示是为了帮助我们解决实际问题的，现在请你想一想，最近你在学习或生活中遇到了什么问题呢？尝试从八种思维图示中，选择合适的图示，帮助你解决遇到的问题。

我遇到的问题是

我的图示

你的结论和新的想法：________________________

评分	内容	数量		评语	
		质量			
	形式				

第三节 综合实践——探秘超市

主题活动 探秘超市

虽然我们经常会去超市购物，但超市中的很多东西我们并没有注意过，这节课我们就利用思维图示，一起来探秘超市。

活动 1：关于超市的联想

提起“超市”，你能联想到什么呢？利用圆圈图帮助你打开思路吧。

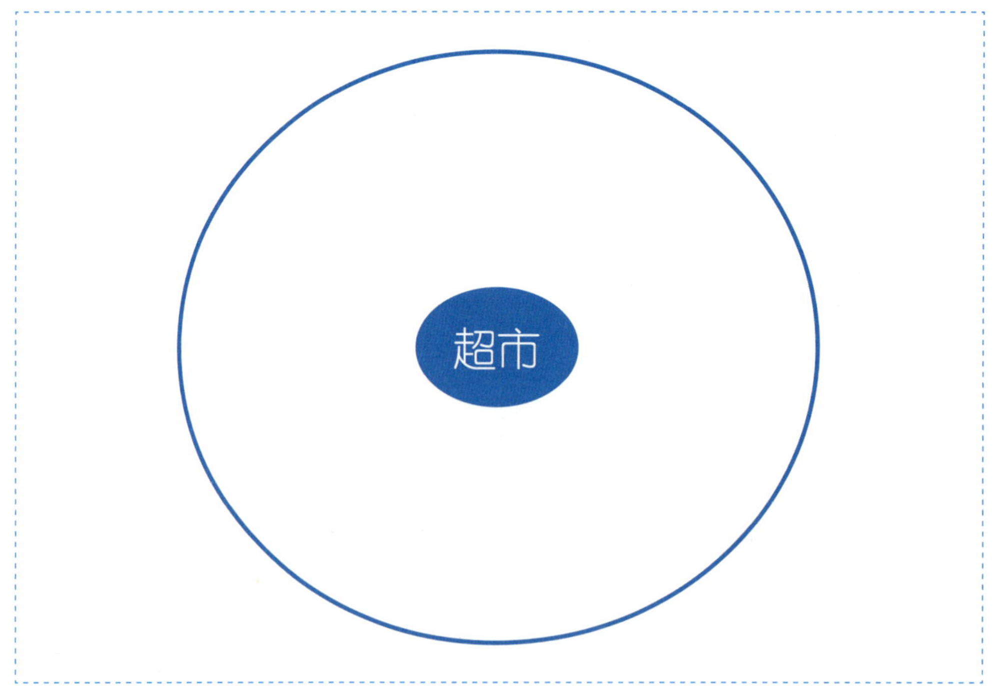

活动 2：超市 V S 便利店

超市和便利店作为“竞争对手”展开了一场大比拼，输赢需要你来断定。超市和便利店到底有什么异同呢？哪个更好呢？利用双气泡图比较一下吧！在比较前可以利用气泡图对超市和便利店做进一步的了解。

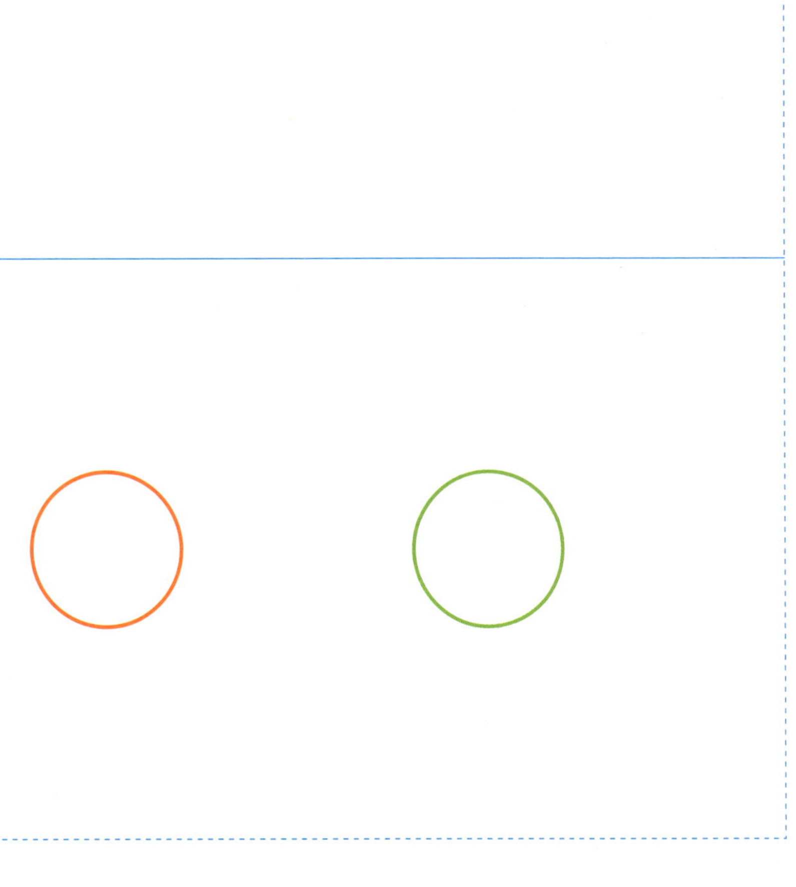

评分			评语	
内容	数量			
	质量			
形式				

活动 3：打入超市内部

在对超市进行初步了解后，我们就要打入超市内部，对超市中的秘密进行探索了。我们首先来看看，超市是由哪些部分组成的，它包含哪些区域，每个区域的功能都是怎样的。借助括号图帮助你分析吧。

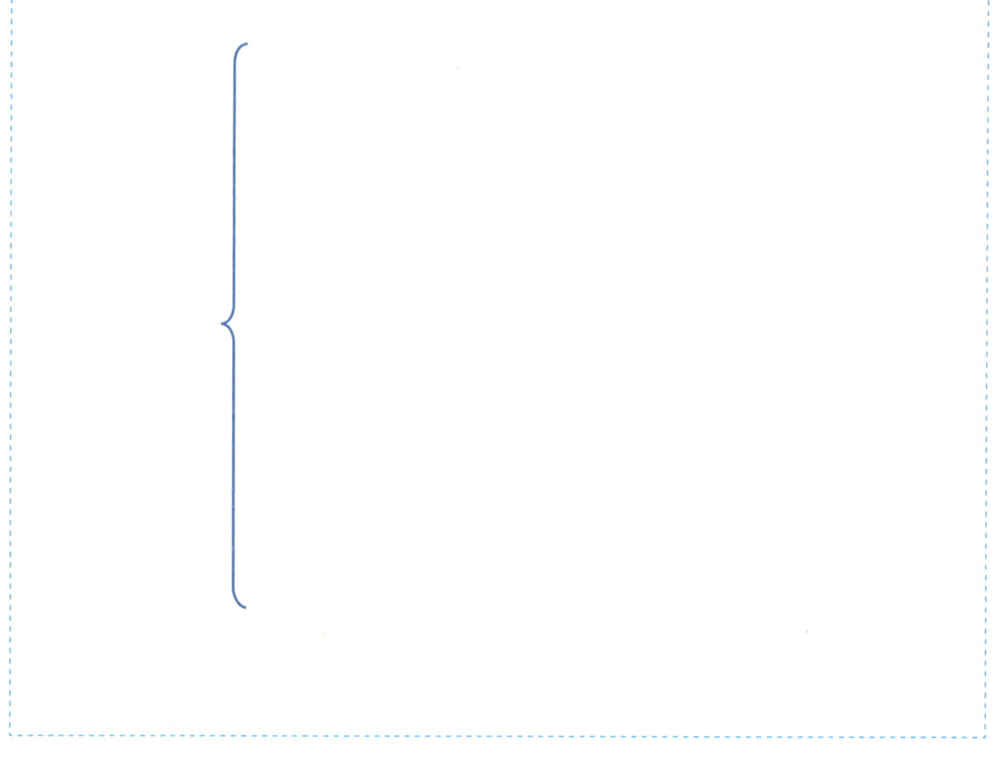

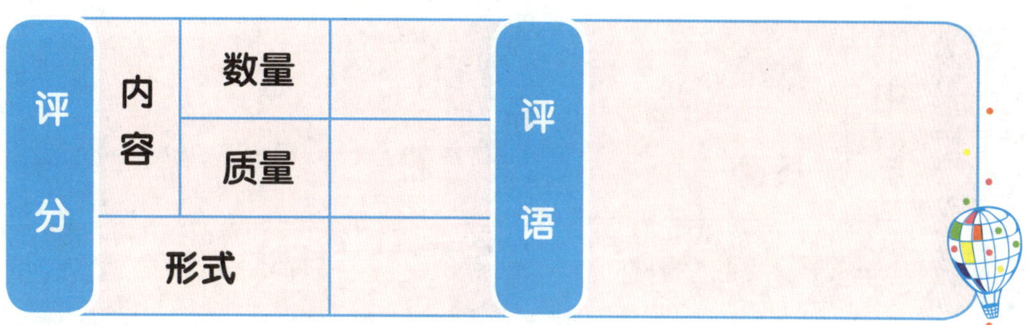

评分				评语	
	内容	数量			
		质量			
	形式				

活动 4：货品的分类

我们在前面课程中提到过，我们之所以能在超市里很快地找到想要购买的物品，原因就在于超市对货物进行了分类摆放。那么我们便深入探究一下，超市的货物到底是如何分类的。利用树形图帮助你分析吧！

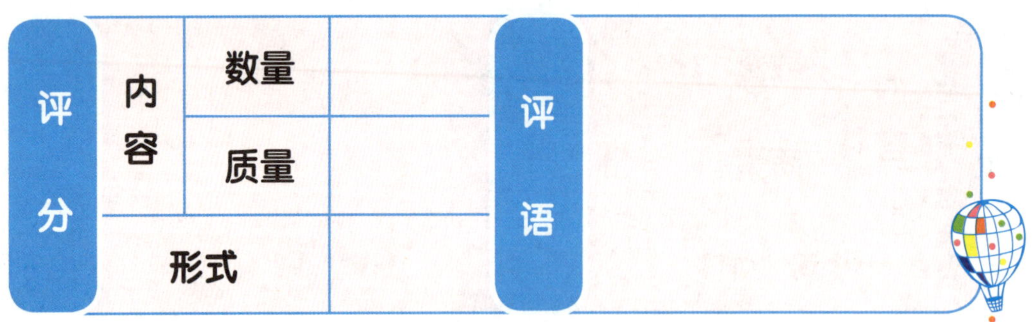

评分	内容	数量		评语	
		质量			
	形式				

活动5：解密收银员

在超市中，收银员是一种十分辛苦的职业，他们一直进行着重复的收银操作，这些操作都有着固定的顺序和步骤。根据你的经验，利用流程图来还原这些步骤吧，一起来解密收银员。

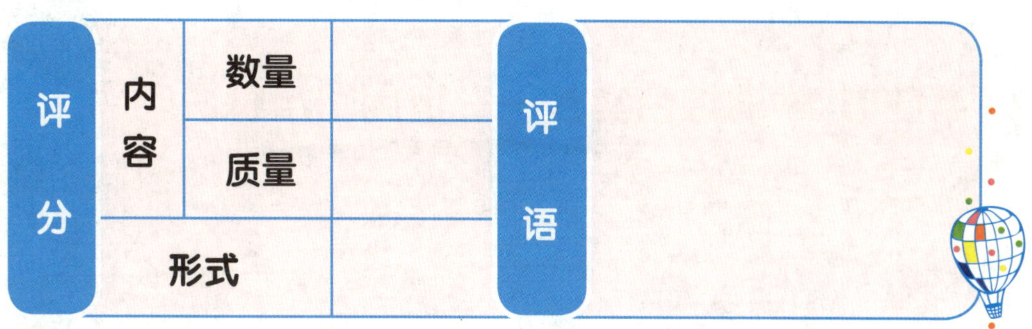

评分				评语	
	内容	数量			
		质量			
	形式				

活动 6：感悟与反思

通过以上的分析，对于超市你是不是有了更新的认识呢，把你的想法记录在下面的方框内吧。

第四节 学期综合实践——运用图示解决问题

主题活动 综合运用图示

经过一个学期的学习，我们已经运用八种思维图示解决了生活和学习中的很多问题，下面我们将迎接更大的挑战：在小组合作中，自选主题，运用图示解决问题。

1. 确定小组

每组 5~6 个人，讨论选出组长，负责组内协调。

2. 选择主题

小组可自选主题，也可从下面的主题中选择。

科技馆中有很多奥秘值得我们去探索，科技馆的整体结构如何？里面展示了哪些设备装置？我们该如何游览科技馆？还有更多的问题，都等待着你的发现！

寒假时间要充分利用，我们可以组织几个同学，跟家长一起出游。去哪儿？如何准备？如何到达？行程怎么安排？都是值得研究的问题，让我们用小组的力量设计一次出游计划吧！

数学课上学到了很多知识，在期末复习时，我们该如何对知识进行整理呢？如何理解那些难懂的概念呢？如何让解题变得清晰简便呢？尝试去探索期末复习的方法吧！

3. 提出问题

小组根据选择的主题，提出想解决的问题。

4. 收集资料

通过网络、书籍、实地考察等方式完成资料的收集，在课下完成并在课上讨论，可以分头行动、各司其职。

5. 问题求解

运用收集到的资料解决问题，可以向老师和家长寻求帮助，需要时，可利用所学思维图示进行探索和表达，也可以创造新的图示。

6. 成果展示

将探索过程呈现在纸上，小组间互相展示成果。

思维发展型学校联盟名单

（以加入联盟时间顺序排列）

小学

北京市海淀区红英小学
北京医科大学附属小学
广州市天河区华成小学
西安市莲湖区星火路小学
西安市莲湖区远东第一小学
北京市朝阳区兴隆小学
北京市海淀区西二旗小学
佛山市顺德区嘉信西山小学
广州市海珠区新港路小学
广州市黄埔区沧联小学
广州市天河区龙洞小学
广州市天河区华景小学
西安市新城区西安市实验小学
西安市灞桥区纺织城小学
西安市新城区后宰门小学
安庆市岳西县实验小学
池州市东至县实验小学
宜宾市南溪区前进小学
潍坊高新区东明学校
广州市天河区冼村小学
北京师范大学实验小学
西宁市城东区康南小学
沈阳市于洪区杨士小学
广州市天河区五一小学
广州市番禺区傍西小学
西安市莲湖区远东第二小学
北京市通州区台湖镇中心小学
石家庄市长安区盛世长安小学
广州市天河区华融小学
武汉经济技术开发区实验小学
郑州市郑东新区商鼎路第一小学
银川市西夏区第十一小学
银川市西夏区第八小学
北京师范大学朝阳附属小学
淄博市周村区新建路小学
北京市海淀区永丰中心小学
北京市顺义区杨镇中心小学

中学

佛山市顺德区勒流中学
银川市西夏区华西中学
北京师范大学第三附属中学
北京师范大学第二附属中学
北京师范大学附属中学平谷第一分校
潍坊高新区东明学校
中国传媒大学附属中学
北京市礼文中学
北京市大兴区蒲公英中学
佛山市顺德区均安中学

区域

北京市海淀区学院路学区